韓非子的人生哲學

——權術人生

《中國人生叢書》前言

中國聖賢是一個神聖的群體。他們是思想智慧的化身，道德行為的典範，進取成功的象徵。他們或者以自己的思想學說影響歷史，並構成民族性格與靈魂；或者他們本身即親身創造歷史，留下光照千秋的業績。

但歲月流轉，時代阻隔，語言亦發生文句變化。更不用說人生代代無窮已，歷來學問家詮釋演繹聖賢學說，形成衆多門戶相左的學派，同時又相應神化聖賢事跡。於是，聖賢便高居雲端，使常人可望不可及，只能奉為神明，頂禮膜拜。

然而，消除阻隔，融匯古今，無論學問思想，或者智勇功業，如此二者常常並不是分離的，且必然是人生的，為社會人生而存在的。這就是聖賢學說、智略、勇氣、運籌、奔走、苦鬥，成功的經驗，失敗的教訓，乃至道德文章，行為風範，也體現為一種切實的人生。因為聖者賢者也是人。

這是一種存在，無須多說甚麼。但存在對每一個人並不意味著親切，也不意味著自覺。我想聖賢人生與我們這些凡夫俗子的人生加以聯繫。聖賢不正是一個凡夫俗子，經許多努力，經許多造就，才成其為聖者賢者的嗎？

當然還有一個重要方面，時世使然矣，這就是歷經漫漫千年的中古時代，又歷經憂患求索的百年近代，世界文化已在衝擊中國人的生存方式。該如何確立中國人的人生路，我總認為無論是作為一種一脈相承的文化淵源，還是作為一種精神參照與啟迪都莫如了解中國聖賢人生，莫如將我們平凡的人生從聖賢人生與學說找到佐證，找到圭臬。所謂古人不見今時月，今月曾經照古人。正是由此理解，由此思忖，我嘗試撰寫了《莊子的人生哲學》，問世以來即引起讀者的關注與歡迎。並且成為我組織一套《中國人生叢書》的直接引線。

我大致想好了，依然如《莊子的人生哲學》一樣，一書寫一聖賢人物。我還不揣譾陋，以我的《莊子的人生哲學》為範本，用一種隨筆的文體與筆調，古今結合，史論結合，聖賢人生與凡生結合，我還要求每一位作者對他所寫的聖賢人物，結合自己的人生閱歷對聖賢寫出獨特的人生體驗。我請了我的多位具卓越才識的朋友，他們都極熱心地加盟這套書的寫作，並至順利完成。

現在書將出版了，我需感謝我的朋友們，感謝出版社，希望更多的讀者喜歡他。

揚帆

一九九四年六月八日

目錄

目錄

刑賞

話說韓非子

悲喜劇：韓非子及其書的命運

韓非子的文章寫的洋洋灑灑，辭鋒犀利，論理透辟，氣勢不凡。

韓非子大約誕生於公元前二八〇年，公元前二三三年去世。這是戰國七雄——秦、齊、楚、趙、魏、韓、燕用武力爭奪天下的時代。一方面是刀槍劍戟，血雨腥風；另一方面是說客、策士橫行天下，有的人早上還是普通百姓，晚上就貴爲卿相。韓非未必不做這樣的夢，但他的夢始終未能圓。不說別的，他受了自己生理缺陷的影響，社會需要善於言談之士，他卻口吃，不善於言談。

其實，韓非的先天條件不是普通百姓可比的。他出身在貴族世家，是韓國的公子，生活的起點很高。而且，他是著名儒家大師荀況的學生，和後來做了秦王朝丞相的李斯一起學習、切磋過。不過，他沒有繼承荀子的儒家思想傳統，而受法家前輩的影響，吸取、綜合他們思想的菁華，成爲他那個時代法家學派的傑出代表。

不善口辯則以筆辯，韓非的文章寫得洋洋灑灑，辭鋒犀利，論理透辟，氣勢不凡。他目睹韓王不以法治國，不以權勢駕御群臣，求人任賢以富國強兵，反而重用虛浮圖名之輩，韓國日漸削弱，於是多次上書韓王，勸他變法圖強，但韓王沒有採納他的主張。

然而，文章卻給韓非帶來了機遇。他的《孤憤》、《五蠹》傳到秦國，秦王嬴政讀了以後十分讚賞，感嘆：「我要是能見到作者並和他交朋友，死也無遺憾了。」剛巧李斯在他身邊，聽了這話，順勢說：「這是韓國的公子韓非寫的。」秦王嬴政緊急發兵攻打韓國，只有一個要求，那就是得到韓非。

韓非在韓國不受重用，韓王有他無他沒有什麼關係。在秦軍兵臨城下之際，便拱手把韓非給了秦王。

人往往沒有得到想得到的東西時，渴求、盼望，一旦得到了，本來很珍貴的東西也顯得不珍貴了。秦王對韓非就是這種態度，他很喜歡韓非，但不信任他，更談不上重用。這本來對他人沒有什麼威脅，卻有人感到了威脅。

李斯忌恨他，兩人有同窗之誼，而李斯自認爲才能不及韓非。姚賈對韓非深懷不滿，因爲韓非曾批評他不應該用財物賄賂燕、趙、吳、楚四國，並嘲笑他出身的卑賤和行爲的不軌。

這對韓非來說是致命的。

李斯、姚賈聯合起來陷害他，在秦王那裡進讒言道：「韓非是韓國的公子，現在大王想呑併諸侯，韓非終究是維護韓國而不會幫助秦國。這是人之常情。大王不用韓非，把他長期留在秦國，最後送他回去，這是自己爲自己留下禍患，不如藉故把他殺了。」

秦王一聽，覺得很有道理，就派官吏治韓非的罪，把他打入了監獄。李斯抓住這個絕好的機會，派人送毒藥給韓非，要韓非自殺。可憐韓非遠離故國家鄉，想拜見秦王爲自己申訴，但李斯、姚賈從中作梗而不可能，不得不含憤自殺了。待秦王後悔不該如此處置韓非，派人去赦免他，然而，韓非已經死在監獄裡了。

韓非在異國他鄉結束了自己的一生，他沒有輝煌的政治業績，留下十餘萬言的政治理論，治國方略，後人輯爲《韓非子》，又稱《韓子》。

古人喜歡說人死而不朽的三條途徑：立德、立功、立言。韓非以立言而不朽。

《韓非子》，一部帝王書。

在這裡，春秋以來的法家思想得到了高度的融合和創造性的發展，韓非喜歡勸誡帝王應該怎麼樣，不應該怎麼樣，宗旨只有一個：如何治國安邦。大到天子，小到諸侯，如何才能雄踞君主之位，不發生動搖，並避免自己身亡國滅。

韓非知遊說之難，爲人謀劃正確的遊說方法，卻不能在秦王面前自爲辯說，擺脫死亡的災難。但他的書被秦王讀到心裡去了。秦王實踐韓非的理論，把他的法術勢思想揮灑得淋漓盡致，席卷天下，囊括四海，建立了秦王朝。

思想：兼容並蓄

韓非思想的源泉並不只是老子一脈。他對老子思想的領會，融入了法家前輩的法術思想。並以後者改造前者，以適應自我的進取人生。

很有意思，韓非出自荀子的門下，成了法家學派的集大成者，然而，人們往往認爲，他思想的最深處，是受了道家的影響。

司馬遷說：韓非喜歡刑名法術之學，根本源於傳說中黃帝和春秋時期的老子。所以，他把韓非和老子列爲一傳。

老子《道德經》五千言，論道論德，韓非也論道論德。他不像老子說道是什麼，說道能夠生萬物，道是自然萬物的發展規律等等。他論德也不像老子說的具有高尚品德的人，不注意表面的德行，所以有德；品德低劣的人，拘泥表面的德行，所以無德等等那樣玄虛高遠。而是把德視爲人或物的內在品質，人以精神積聚爲德，家以擁有資財爲德，國家、天下以擁有百姓爲德。

韓非很下功夫解說老子的理論，但無意保持老子思想的原貌。他說道是國家的根本，又說道是從享有國家的君主的權術中產生的，用道來和社會周旋的人，生命和福祿都很長久，就像樹木有根，才能夠生長。有道才有德，有德才有功，韓非還以無爲無思來解釋最高尚的道德，說無爲無思就是空虛，空虛則德盛，德盛也就是高尚的道德，也就符合老子說的上德無爲而無不爲。不過，不要誤會，這不是老子那樣的清心寡慾，自然無爲，是以貌似沒有作爲、沒有思想爲手段，虛中有實，以便控制別人。

像這樣的道論、德論，其實是權術論。

韓非的思想和老子的思想也有很吻合的地方。老子鄙薄禮，韓非也鄙薄禮。他說，和氏之璧不需要用五彩來裝飾，隋侯之珠不需要用金銀來裝飾，它們的質地很美，用東西來裝飾會玷污它們自身。需要裝飾的東西往往質地不美，禮修飾人的行爲，禮節繁瑣是因爲人心衰道德薄。

老子說禍福相倚，禍中有福，福中有禍，韓非也很贊同。說是人有禍會引起內心恐怖，使行爲端正，考慮問題成熟周到，辦事成功，富貴必至；人有福則富貴至，使人容易產生驕心邪行，無功而遭禍。

韓非思想的源泉並不只是老子一脈。

他對老子思想的領會，融入了法家前輩的法術勢思想。並以後者改造前者，以適應自我的進取人生。

他不甘於恬淡平靜，居下位而懮君主。

用法術勢改造君主以改造自私自利的人，建立集權的一統國家，而不是幽靜的、田園式的寡民小國。雞犬之聲相聞，老死不相往來，不是他的人生理想。

如果說他的思想受了黃老、尤其是老子思想的影響，那麼，他與老子在思想上早已是分道揚鑣，異路而趨。

自私：人性的弱點

人性趨利，利是自私的核心。人性難以靠自身修養來矯正，必須依賴外在強大力量，這就是法治。

人是自私的，老子說人應該少私寡慾

荀子言辭更激烈：人性惡，性善是一種假象。人與人之間的你爭我奪，相互廝殺、忌恨，都是人性惡的緣故。

韓非步他們的後塵，他不像老子說得婉轉，也不像荀子的言辭尖刻，韓非另有見地。

人性趨利，利是自私的核心。

人要生存，寒則求衣，飢則求食，不能無利。

醫生用口吮吸病人的傷口，含著病人瘡癤的膿血；做車子的工匠，希望人人都享有富貴；做棺材的工匠，希望人早點死亡，都是為利驅使。

君臣之交，利是連接的鎖鏈。危害自己生命而對國家有利的事，臣子不會做；危害國家對臣子有利的事，君主不會做。

父母與兒女血肉相連，該是親密無間，卻也是恩厚則相愛，恩薄則相怨。

人人如此，求利沒有止境。不論國家貧窮還是富裕，財貨足以爭奪還是不足以爭奪；不論人在現實社會難以生存，或者可以生存，或者本來就富貴安逸，都爭奪不休。國家沒有安寧的日子。況且，人自私必損公害人，只有這樣，才能肥了自己的腰包。

人性如此，是社會和君主的災難。現實社會卻又是公私不分明。為公的君主，本該是奉公的表率，在生活中，有形無形地獎勵私義，使行私者享受了名譽和利祿。

韓非憂心忡忡，他沒有因之消沉，而從人的自私性中激發了昂奮的情緒，要在公與私之間劃一條界線。他說古代倉頡創造文字，都知道自環為私，背私為公，公私相違，現在的人難道不懂得這個道理？問題是要棄私為公。

棄私為公的道路只有一條：明法，令必行，禁必止。

人性難以靠自身修養來矯正，必須依賴外在的強大力量，這就是法治。它有賞賜的恩惠和刑罰的威嚴。無法，人不服於人，唯利是圖；立法，人得服於法，守法。法明確表示怎樣趨利避害，行私則違法有害，誰還敢行私術而廢公法。

韓非以自己的睿智認識人性，又順應人性力圖對它進行改造，讓君主、臣民都一心奉公。

立足現實，世異備變

韓非未能親自實踐自己的思想，然而，面臨嚴峻的社會現實，他的法術勢思想是很實在的。

立法，是站在歷史的土地上，以先王之法為法；還是站在現實的土地上，自立新法？

韓非以發展的眼光看待社會，就像人不能夠兩次踏進同一條河流一樣，現實社會也決不會是歷史社會的絕對重演。

天不變，道亦不變，殊不知天無時無刻不在變，只是抱有這種觀念的人把它的變視爲不變或者是不察其變，隨之把治國的方略僵化了，形成用遠古之法治當世之民的滑稽局面。

先王不可效法。

社會不同，風俗不同，更有古今的人不同。社會生產水平、人們生活水平不斷提高，人思想進化了，現實生活中的人不是遠古的人可以比擬，而且，前者沒有，永遠都不會有後者的矇昧和純樸，先王之法怎麼用？

先王以仁義治天下，仁義是用在可用的時候。當今之世，戰亂頻繁，奸邪泛濫，施行仁義，只會滋長懶惰，使人不求上進，而圖坐享其成。既然不勞可獲，何必勞力苦身呢？

先王之法並不是一成不變，從堯、舜、禹、湯到周文王、周武王，誰守了祖宗成法？舜不變堯之法則不爲舜，湯不變禹之法則不爲湯，代代如此。

以先王之法爲法，彷彿是把自己放在一個既定的籠子裡，動彈不得。人不能失去活力，一旦失去了活力，自然就少了創造。社會如同萬物，萬物吐故納新，新陳代謝，才保持了它們的蓬勃生機；社會也要吐故納新，新陳代謝，才會興旺發達。

韓非矚目歷史，掃視每一個重要的歷史時期，勇敢地走進社會現實。他以法治反對先王的仁義之治，這法治也不單純。

正像他不主張效法先王一樣，他吸取前人的法治思想，也沒有簡單地照搬，同樣充滿了一種批判精神。他說商鞅知道用法而不懂得用術，說申不害懂得用術而不知道用法，分別取了商鞅的法，申不害的術，再加上另一位法家人物愼到的勢位思想，把法術勢融爲一體，構成自己的法家思想系統。後人評價他是法家思想的集大成者，這是一個很重要的因素。

韓非未能親自實踐自己的思想，然而，面臨嚴峻的社會現實，他的法術勢思想是很實在的。

集權：法術勢三位一體

治國、治天下不能沒有法，韓非的法並不孤立，還有君主的權術和勢位與法相輔為用。

韓非的法有一個很重要的特點，並令歷代的許多人爲之咋舌，這就是嚴刑峻法。

一般來說，刑與賞是並舉的，韓非常把二者相提並論，他也曾主張君主對人的賞賜要誠實、豐厚，讓人感到建功立業有利可圖，內心升騰起建功立業的慾望。但這遠不如他們的嚴刑著名，峻法所指的法令及執法的嚴格，在很大程度上是指刑罰之嚴。

和他不主張施行仁義相一致，韓非頭腦裡也沒有什麼寬容的概念，重罪重判不必說，即使是小罪，他也認爲應該從重處置。在他看來，這樣做並不是跟人有什麼過不去的地方，而是要以嚴刑爲所有的人敲警鐘，以鐵的事實，血的教訓告誡人們不要觸犯刑罰，沒有人犯法，刑罰再嚴酷也無所用，從而達到愛護百姓的目的。如果刑罰很輕，一些人不怕犯法而犯法，被處置的人會更多，看似愛護百姓反而害了百姓。

治國、治天下不能沒有法，韓非的法並不孤立，還有君主的權術和勢位與法相輔為用。

韓非的君權、君勢思想相當嚴重，君主是至高無上的，這在現實中的體現是君主擁有的權術和勢位，並藉助它們發號施令。韓非是集權主義者，他心目中的君主應該是獨掌大權的君主。什麼東西都可以借人，唯有權不能借人；什麼東西都可以分享，唯有權不能分享。君主沒有權，相應會失去他的勢位，而且，即使制訂得再完善的法令，也得不到執行。

這意味著君主對大臣的失控，君將不君。所以，韓非反反覆覆說生活中有奸臣，什麼樣的人是奸臣，奸臣滋生的根源以及奸臣弄權的手段等等，提醒君主小心注意。否則，君主大權旁落，國家易主，甚至是身亡國滅。

君主的權術和勢位保障法令，相應地，法令也保障君主的權術和勢位。因為法令本身，既依據國情、民情，又賦予了君主權術和勢位，只要人人守法，包括君主自己，那麼，君主的權術和勢位就不會被削弱。

韓非爲君主策謀，實在是盡心盡力，然而，他終生不得志，生活實際和思想狀態之間有很大的距離，他活得很累很累，又沒有人理解。在當時，眞正理解他的大概只有李斯，李斯深知他的能力，怕他影響了自己的前途，所以要置他於死地。

君賢國強：人生的理想境界

人生是為君主的人生，其權術是君主的權術。韓非的一整套理論中，是從立法入手，以法衡君量民，只要上下一致，國家就會祥和太平。

韓非爲君主活著，而不是爲自己活在世上。他這個人滿腦子的智慧，都用於設身處地爲君主著想，也不管自己的策謀是不是爲君主所用。

對君主他一片痴情，幾乎從來都不談作爲一個普普通通的人應該怎樣生活。

他在論述中涉及到普通人生活的地方，多是人自私自利的一面，這也只是被他作爲君主爲什麼要用法術勢治理百姓的現實依據。

他爲君主想得非常週到，各個方面，一一顧及，爲增強言論的力量和透明度，還引用了許多歷史故事、創作了一些寓言來說明道理，只差沒有爲君主制訂具體的法令條文。遺憾的是他連君主的重臣都不是，使他這個一貫反對空談的人，還是淪於空談。

韓非自視很高，從他的一整套理論中，讓人覺得只要採納了他的主張，君可以成爲賢君，國可以成爲強國。雖然他沒有明說自己的胸懷和抱負，但時時都讓人感到，他要做的是霸王之佐。

所以，他對混亂的社會現實相當不滿，究其根柢，是君不賢，臣不忠，這導致法制不明、公私不分。他爲之痛苦，爲之輾轉反側，深思熟慮的結果，是從立法入手，以法衡君量民，只要上下一致，國家就會祥和太平。

韓非的政治理論很切合當時的社會實際，但不論是他祖國的君主，還是後來慕名請他去的秦王嬴政，都使他沉浸在自己的夢想中，這和他不善辯有關係。像他批評過旳姚賈，當燕、趙、吳、楚四國將聯合攻秦的時候，他爲秦王出使四國，化干戈爲玉帛。回國後，封以千戶，拜爲上卿。並在秦王面前，以穩健的辯詞有力地回擊了韓非的批評。這是韓非所不能及的。他審視了社會，未能認眞地審視自己。儘管他不像一般的說客畢竟還是說客，冒了遊說的危險卻沒有避開危險。

韓非思想很專，因爲專，就顯得狹隘。他只爲君主考慮，鼓動君主怎樣治臣，治民，也就難免有一些極端之詞，極端的思想舉措，積極中有消極的因素，需要鑑別。

韓非的權術人生是爲君主的人生，其權術是君主的權術。本書把韓非及其學說通俗地介紹給讀者，其是非功過，讀者可自爲評說。

君道

君道

道，是萬物的根本，是非的綱紀。所以，賢明的君主堅守道以了解萬物的本源，研究道以知道善敗的萌芽。並且虛靜以待，自命美名，自定善事。虛就能洞悉實情，靜就能明察行動者的真正精神。有話要說的人自然有相應的名稱，有事要做的人自然會形於外表。形名經過檢驗，行為符合名聲，君主就沒有什麼事了，回到名副其實的實情上來。

——《韓非子‧主道》語譯

道家論道，韓非也論道。他把道家那視爲萬物本源的道引入社會生活，演化爲君主之道，君主駕御群臣之道。

道家講虛靜，韓非也講虛靜，他把道家無所爲的虛靜演化爲君主有所爲的虛靜。虛的洞悉實情，靜的明察行爲，君主並不是旁觀者，大權在握，成局在胸，虛與靜，內蘊了熱烈、充實、參與。

名爲虛，形爲實；言爲虛，事爲實，君主之道，不可以虛爲實，以實爲虛。名副其實，這才站在現實的土地上。

然而，君主必須守道，必須自持。魚不能脫離深淵，國家的利器不能夠拿出來給人看。君主的虛靜也就是守道的方法，自持的方法；表情的平淡中有思想的活躍，態度的沉靜中有犀利的目光；觀察那名與形，體悟那言與事；眼觀六路，耳聽八方，眞眞假假，是非曲直，了然於心。

韓非說，君主之道在於使臣子們看不見，運用起來又使他們不能覺察。

君主是個謎。

君主之道也是個謎。

自持

君子有智慧而不顯示他對社會萬物的考慮，使萬物根據它們各自的情況來表現。

君主自我是一個世界。他的慾望、思想、德行、智慧、才能、勇力，都是財富。面臨廣大百姓，君主使用這些財富，用歸用，沒有用的時候，不應該把它們流露出來。

君主顯示了慾望，臣子們會因此而粉飾雕琢，投其所好。本來是君主的慾望，轉過身，也許君主有慾望之名，臣有慾望之實，君主之慾望變成了臣子的慾望。

君主表現了思想，臣子們會因此而標新立異。旗幟上只有兩個大字：君主；旗幟下離了譜，岔了道，臣子們各自爲政。

有辦法，君主有好惡，有愛憎，不流露出好惡、愛憎就行了，臣子們對君主的慾望、思想一無所知，行爲就會趨於自然，不能藉此暗行其私。

君主放棄那習慣性行爲，有智慧也不流露，臣子們猜不透君主的心思，自我防範、戒備都來不及，哪裡還敢標新立異。即使圖利，也會力求避禍全身。

君主有智慧而不顯示他對社會萬物的考慮，使萬物根據它們各自的情況來表現；有好的行爲而不自以爲賢能，觀察臣子們辦事憑藉什麼；有勇力而不仗恃勇力，振作精神，讓群臣能夠完全表現他們的勇武。

社會舞台是君主的，也是臣子們的。臣子們有了施展才華的天地，演出一幕幕生動的活劇，君主「去掉」自己的智慧和勇力，會更加明智、強大，更易於建功立業。

所謂的去掉智慧、勇力可不是眞正的「去掉」，而是含而不露，隱而不彰，以貌似無智慧、無勇力來領導、制約那些有智慧、有勇力的臣子們。使他們各守其職，各盡其能。對於君主也可以說是因才施用了。

君主沉靜地處在不固定的立場上，臣子們就會覺得他神秘莫測；君主身居高位無所作爲，群臣在他屬下就會戰慄、恐懼，惴惴不安。這樣，君主就牢牢掌握了權柄，穩定了根本。

集思廣益

三個臭皮匠，勝過一個諸葛亮，衆人的智慧總比一個人的智慧强。

君主有不同的等次。

最下等的君主，治國只用自己的才能；中等的君主除了用自己的力量外，還用別人的力量；上等的君主，不光用自己的智慧，而且用衆人的智慧。

三個臭皮匠，勝過一個諸葛亮，衆人的智慧總比一個人的智慧要強。君主只靠個人操勞，或者憑主觀意願辦事，就難免不出差錯。

有了事情，就聽聽衆人的意見，先民主，後集中。不聽衆人的意見，就使衆人不能充分展示自己的才智，而君主的思想、計劃就不週密，以致處事前後相矛盾，一到這個地步，智慧和愚蠢就攪和在一起了。

君主不集中衆人的智慧，對事情的處理會猶豫不決，該辦的事就得不到及時的辦理。或者是該辦的事沒有延誤，實際處理得已不夠妥當了；甚至受了個別人或少數人的影響，把事情處理錯了。君主集中了衆人的智慧，擇善而從，就不存在這樣的弊病了。自然，君主要能夠聽取不同的意見，如果一聽到不同的意見就暴跳如雷，那其實是以自我的思想爲準繩，談不上集思廣益。

集思廣益應該有相應的的措施，集思之日要作好記載，以便事成論功行賞，事敗論過行罰。有這一條，群臣就會往好處使勁，紛紛獻良策。因爲大家都只願受賞，不願受罰。

善於將將

君主駕御群臣須有智慧。臣能將兵，君能將將，這就是智慧的運用。

君主駕御群臣，不能以自己的智慧取代群臣的智慧，使臣子們始終處在被動的、被支使的地位。否則，臣子們沒有個性，沒有光輝，沒有積極性，君主就該心力交瘁了。

聰明的君主應當充分調動臣子的智慧。使那些有智慧的臣子竭盡他們的思慮，出謀劃策，君主依據他們的智慧來判斷，決定該辦什麼，不該辦什麼，那麼，君主的智慧就沒有窮盡。

對那些賢能的人，君主根據他們的才能加以任用，讓他們充分展示自己的才能，那麼君主的才能也沒有窮盡。

一個人的智慧和才能是有限的，君主也一樣。前面說的「集思廣益」，意義也在這裡。對於君主，臣下就是他智慧和才能的源泉，取之不盡，用之不竭，只看會不會取，善不善用。

會取善用，臣子建立了功勞，君主隨之有賢能的名聲。用人得其所，功勞是明證，說也好，不說也好，都是實實在在的。

有了過失，臣子擔當罪名。不是君主不讓臣子把事辦好，而是臣子沒能辦好。怪君主卻怪不得，臣子自負其責。

有功勞，君主享美名；有過失，對君主的名聲也沒有影響，用臣子的智慧和才能，君主的名聲沒有窮盡。

君主善於使用臣子的才智，是一種技巧，一門學問。

不賢的君主擔任賢人的老師，不聰明的君主領導聰明的臣屬。只要他正確地分派他們人人從事自己的工作，承擔那份勞累，各自盡心盡責，那麼君主眞可以坐享其成。於是，君主垂拱而治大概不是一句空話。

御臣之隔

君主用臣下的智慧和才能建立功業，看起來君臣相融為一，其實，君主御臣還需「隔」。也就是保持一定的距離。

君主有智慧而掩飾他的智慧，有才能而掩飾他的才能，使臣下不能探究、不能猜測，這就是隔。這不單是君爲君、臣爲臣，君臣必有等差，而且是君主駕御群臣的防範之術。

君主有二患：

任用賢能的人，那賢能的人也許會憑藉他的賢能挾持君主。這是一患。

隨便推舉賢能的人，那麼，事情容易失敗而難以成功。這是二患。

而且，大家僞裝自己的行爲滿足君主的慾望，他們的眞情實感反倒不顯露；那麼，君主也就不能夠識別群臣情感和行爲的眞僞。

如此，君主怎麼能夠不隔，讓群臣看透了自己，也就難以駕御群臣，深藏若虛，群臣不知底細，也就容易使他們馴服。

君主是權力的象徵，權力代表的利益和威嚴是大家都嚮往的。君主不隔，不謹愼地關閉、鞏固自我的門戶，篡權之臣將會產生；不愼重其事，不掩飾眞情，弑君之臣將會出現。

只有關閉、鞏固門戶，折斷篡權之臣的翅膀，國家才不會有篡權之臣。

只有審查、檢驗法度，將擅自制訂法度的人處死，國家才不會有弑君之臣。

君主大權旁落是他統治的失敗。

君主命喪大臣是他治人的悲劇。

君主應該警惕這種失敗、這種悲劇，使自己的思想、權術大不可量，深不可測。君與臣隔，也使臣自感其隔。

不能使臣弄得與君主有隔，否則，君主不但不能制臣，反會爲臣所制。那時，君主大權旁落，命喪臣下都會成爲現實。

防微杜漸

君主根據人的才能授予相當的官職，以利這些人在自己的職責範圍內施展自己的才華，對君主有利，對國家也有利。

君臣地位不同，治國、治天下應該同心協力，這是公理。然而，君主有重大過失，臣子有重大過錯，究其原因，很關鍵的一條就是君臣貌合神離，不是別的，君臣的利益本來就不相同。

君主根據人的才能授予相應的官職，以利這些人在自己的職責範圍內施展自己的才華，對君主有利，對國家也有利。有的臣子認爲自己沒有才能也可以被任用，說是濫竽充數的冒牌貨也沒有什麼關係。官銜是塊招牌，有了它，招財進寶的路也寬多了。君臣的思想不知道隔了多遠。

這還不算，君主掌握的爵祿，總是以功勞爲原則，不管是運籌帷幄還是血戰沙場，功勞大的爵高祿厚，功勞小的官卑俸薄。賞賜分明，才能激發人的精神和鬥志。但有臣子卻在巴望沒有功勞也能享受富貴，這該多麼輕鬆，不需焦心竭慮，也不必披堅執銳，冒丟性命的危險；加上糾結朋黨，謀求私利，使國家日漸削弱而自己一天天富裕，君主位卑而臣子勢重。最終是君主失勢，臣子享有國家。

在這個過程中，聰明的人有見識也不會爲權重之臣所用，何必自尋煩惱，自取禍殃呢？賢德廉潔的人也會羞於與他們爲伍，以壞了一世清名。有野心的權臣，名義上也在治國，實際上是上欺君，下欺民，兩邊漁利，漸漸使君不爲君，法不爲法。百姓連手腳都不知道該怎麼放，國家也就是一片混亂了。

使國家削弱、危險，使君主勞碌、羞辱，是臣子的過錯。但知道臣子有這麼大的過錯而不能禁止，這就是君主的失誤。話說回來，當臣子發展到這樣的程度，君主想禁止也禁止不了。還是應該防微杜漸，明察秋毫。否則，只能眼睜睜地看著國家滅亡。

矯正之術

聖人治國，不依靠臣民主動地為他做好事，而是使人不能做壞事。如果依靠臣民主動地為他做好事，國內找不到十個人；而使人不做壞事，全國人民就會步調一致。

治理國家的人用衆而捨寡，所以不務修德而求法治。

一定要找自己長得筆直的箭桿，百代無箭；一定要找自己長得很圓的樹木，千代無輪。然而，社會上的人為什麼都能夠乘坐車子、用箭射飛禽呢？這是用了矯正之術。

賢明的君主不看重不用賞罰，行為就很完善的人，因為國家法令不能放鬆，而它所治的也不是一人。

有法術的君主，不隨順偶然的善行，而行必然的法治之道。

——《韓非子·顯學》語譯

君主治民，希望百姓都是完人，不用說是不可能的。這就像人一定要找天生筆直的箭桿、天生圓圓的車輪一樣。既然是這樣，君主就得改造百姓，使百姓的人格逐漸完善，從不自覺地爲君主服務走向自覺地爲君主服務。

君主不看重不用賞罰，行爲、品性就很完善的人。不是這種人不能爲君主所用，而是這種人太少，不足爲君主所用。

君主矚目那些行爲、品格不夠完善的人，用賞罰進行矯正，使他們趨於完善。

賞罰，是國家的法令、君主的權術，獎勵和威懾，彷彿兩塊磁鐵，使臣民凝聚在君主的周圍。

因好惡、行賞罰

人有好惡之情，按照他們的愛好行賞賜。

君主治理國家、天下，一定要關注人的性情。這不是說人想怎樣就怎樣，而是從人性情的角度來考慮，制定法令。

最簡單的，人有好惡之情，按照他們的愛好行賞賜，依從他們的厭惡施刑罰，只要賞罰可用，那麼君主的禁令就可以頒布，臣民也會遵守了。

君主掌握國家的大權，生殺予奪，有不可凌犯的威勢，是征服臣民的資本，君主運用它們要慎重。權力和威勢都是可以削弱的，如果君主隨意設置或者廢棄法令，本該獨自掌握的賞罰大權而和臣下分掌，那麼君主的權力和威勢就被削弱了。

這只是削弱君主權力和威勢的一個方面，實際上不限於此，像君主聽了群臣的言論不用自己的智慧分析、驗證，無形中受奸臣損害就會陷於困境，那權力和威勢被削弱的程度就可想而知了。

君主雖然需要依靠他人來維護自己的權力和威勢，但也需要自己有意識地維護自己。順應事物的客觀規律治物，用權術來治人，不說君主在臣民的心目中完全是神秘莫測，但也得有神秘感，不要讓他們看透了，乘機挾制君主。

君主要保持自己的權力和威勢也不難，嚴格執法，重賞重罰，既讓人們自覺地趨利避害，又使人們不得不趨利避害，這樣一來，君主的權勢安穩如山，社會也得到了治理。

株連懲奸

檢舉的人既然揭發奸邪，這也是為他自己敲響警鐘，使自己的行為謹慎，更不用說去做奸邪的事情。

治理得很好的國家，君主善於禁止奸邪。這不是全憑個人的力量，而是藉重法令。

法令通達人情，也和治理群臣相關，其中重要的一條是要群臣彼此窺探對方的隱情。雖然這有察人忠誠的功效，但主要是察人奸邪。

如果法令規定，同鄉的人犯罪不檢舉的話，一鄉人都受到株連。人們都會想到，他人違法，會使自己受到懲處，因此，唯恐自己不能倖免，必然積極窺探奸邪。窺探的人一多，有奸邪之心的人就不能得志，畢竟怕被發覺而受到法令的制裁。

檢舉的人既然揭發奸邪，這也是爲他自己敲響警鐘，使自己的行爲謹愼，更不用說去做奸邪的事情。

這種株連的方法，使揭發、檢舉奸邪的人不僅免於處罰，而且受到獎賞；使那些未能揭發、檢舉的人受到牽累和處罰。兩種不同的行爲引起兩種不同的結果，人們就會權衡利弊，不會爲奸邪的人隱瞞。於是，哪怕是一點點奸邪的行爲都會暴露在光天化日之下。

用這種方法治理百姓，也可以用它來治理大臣，大臣相互之間有奸邪而不上報，也將受到與奸邪者類似的懲罰，大臣們就不會容忍奸邪了。

株連之法既爲懲奸，可不能濫用，牽累無辜，懲奸不成，善良者遭殃，那就違背了君主初衷，也亂了國法。

假戲眞做

假戲眞做終為假，根本上還是要以心交心。君主眞誠待臣，臣子忠心為君。士為知己者死，就在交心。

君主權力在握，按理可以公開地大有所爲，但有時不免玩一點手段，檢驗臣子忠不忠誠。據說韓昭侯弄過一回，他握著指甲，卻假裝丟失了一枚，虛張聲勢地緊急尋找。這一來慌了他左右的人，那些人紛紛割下自己的指甲獻給他。韓昭侯藉此觀察左右的人忠誠還是不忠誠。這只能算是雕蟲小技，君主心裡知其爲假，演起來像眞的一樣，有意識地讓臣下以其爲眞，方能測試他們的忠誠與否。

更有甚者，周主把他的拐杖收藏起來，下令手下的官吏去尋找。這當然不是好找的。官吏們花了幾天時間也沒找到。周主派人按他指示的方向去找，一會兒就找到了。於是，周主說：「我知道你們這些人不會辦事，拐杖這麼容易找的一個東西，你們居然都找不到。我派專人去找，一下就找到了。你們這些人究竟忠不忠心呢？」一席話把這些官吏說得啞口無言，誰也不知道周主在做戲，認為他神明，不敢不老老實實地工作。

周主玩的技巧和韓昭侯的技巧相類似，假戲眞做，糊弄臣下，促使他們始終對君主懷著耿耿忠心，君主自己心裡是亮的。這樣做只怕被識破了，一旦被識破，就會涼了臣下的心，使他們疏遠了君主，那君主就稱得上是弄巧成拙。

假戲眞做終為假，測一測，試一試，根本上還是要以心交心。

君主眞誠待臣，臣子忠心為君。士為知己者死，就在交心。

藉用他人的眼睛

君主明察，畢竟不能夠事事躬親，不妨藉助他人來達到自己的目的。

商太宰派少庶子到市集上去，少庶子回來後，太宰問他見到了什麼？少庶子說：「沒有見到什麼。只是南門外牛車很多，擁擠得人勉強能夠行走。」太宰叮囑少庶子：「不要告訴別人我問過你。」然後，他把管理市集的官吏召來，以譏諷的口吻說：「爲什麼市門外有許多牛屎？」那官吏十分奇怪太宰怎麼這樣快就知道了，不得不謹慎地履行自己的職責。

相傳韓昭侯也這樣做過，他派使者巡視某地，探得底細後再把當地官吏找來，以所知道的事情點破，那地方官吏認爲韓昭侯明察秋毫，從此克盡職守，不敢爲非作歹。

像商太宰手下的少庶子，韓昭候的使者，本來當爲君主所用，實際上也爲君主所用了。

沒有萬能的君主，既然君主的智慧不足，可以藉臣下的智慧；那麼，君主的力量不足，就可以藉用臣下的力量。

這裡蘊含有小小的技巧，讓屬下彼此不相通，一方作爲耳目，協助君主治了另一方。被治者並不知道，只當是君主的明智、體察，對君主也就不敢敷衍。

君主藉助他人，使自己眼更明，耳更聰，這顯然有玩權術的味道，這樣的權術，君主不能不玩，不玩的話，則不能治天下；要想治，累得趴下怕也不行。

君主手下的官吏就是君主的耳目，就看他善不善用。

乖違

聖人治理國家憑藉三條：一是利祿，二是威嚴，三是號令。

聖人行利是以恩惠贏得人心，施威為了法令得到執行，而以號令統一上下的步伐。

現在，君主行利而百姓不為利馴服，施威而百官不聽從，官雖執法而名不符實。這和古代聖人治理國家的效果相反，不是實現太平而是社會混亂，原因是君主所尊貴的東西和他用來治理國家的措施相反。

——《韓非子·詭使》語譯

君主治理國家依靠利祿、威嚴、號令，是一般的模式，使君主很有凝聚力，社會歸於一統。

君主利用它們，實施自己的方針、政策，但不能夠使自己的意識和行爲相互衝突。如果衝突了，即使不一定是自覺的，連自己也沒覺察，後果往往很嚴重。它危及君主的方針、政策和國家的法令、制度，使君主的主張不可能貫徹執行。

這是君主的個人興趣和國家法令、制度相牴觸造成的。君主制訂了法令，必須以身作則，認眞地執行法令，讓臣民都以法令爲轉移，並以法令來制約人的道德，使大家都處在國家的正常軌道中。

六反

社會上許多人事給顚倒了，該批評的得了表揚，當表揚的挨了批評。

社會上許多人事給顚倒了。以下是六種：

- 貪生怕死，兩軍相遇，一見有危險就趕緊投降的人，人們崇敬地說他們愛惜生命。

- 學習道德、禮法，而違背國家法令的人，說什麼是文學之士，該受到尊敬。
- 周遊四方，無所事事，貪圖優厚的生活待遇，吃香的，喝辣的，人們稱讚他們是有能力的人。
- 用邪說蠱惑百姓，實際上虛僞狡詐的人，又有人讚揚他們能言善辯。
- 喜歡舞刀弄劍，藉行俠仗義之名，隨意傷人，暴虐凶狠的人，人們說他們剛正勇猛。
- 搭救、隱藏奸賊，本該與奸賊同罪，卻讓他們享有美名。

相反地：

- 赴險殉仁，危身守節的人，遭批評失於計算。
- 見識少而順服，謹愼守法的人，被指責樸實淺薄。
- 自食其力，努力耕作，爲社會創造財富的人，說是缺少能力。
- 善良忠厚，品行專一的人，說是愚蠢憨傻。

•看重法令，不惹事生非，尊敬老人、君主的人，說是膽小怕事。

•告發賊寇、奸邪的人，說是喜歡挑撥是非、進讒言的人。

社會稱讚前面六種奸僞無益之民，而鄙薄後面六種耕戰有益之民，難道不是弄反了，該批評的得了表揚，當表揚的挨了批評。顚倒的人事還不限於此。

八說

國家是君主的國家，也是每一個人的國家，需要大家共同維護、保養；爲了自己求名譽、求利益、求享受，不論用什麼形式都是損公。

人不是生活在眞空裡，人際往來，少不了彼此之間有些交情，你來我往，我唱你和。

正常的交往會不正常。一些人相互稱譽，你抬舉我，我抬舉你，把君主和國家的利益置於一旁，使社會流行八種說法：

•身在朝廷不一心爲公，替老朋友辦私事，被認爲是不拋棄老朋友，夠交情。

‧把國家的財產隨意分給別人，慷國家之慨，於己無損，被認爲是仁義厚道。

‧輕視爵祿，只注重自我修身養性，不服從調派、使喚，被認爲是君子。

‧不執行法令，繞著圈子，變著法子爲親人謀利益，被認爲是有德行。

‧要他做官他不做，四處交朋結友，被認爲是俠行義舉。

‧脫離現實生活，逃避君主，被認爲是清高傲慢。

‧身爲下級喜歡和上級爭論，不執行上級的決議或命令，被認爲是剛強。

‧施捨恩惠，收養門客，被認爲是深得民心。

人們對這些人津津樂道，好像他們是人生的榜樣，其實，這和君主的利益相違背，利在私人，弊在君主。

沒有哪一個君主願意臣民是這幾種樣子，也不希望不該讚揚的人受到讚揚。

國家是君主的國家，也是每一個人的國家，需要大家共同維護、保養；爲了自己求名譽、求利益、求享受，不論用什麼形式都是損公。

君主的顚倒

社會上普遍存在的人事顚倒現象，會使得人們挖空心思追求舒適的生活，放棄正當的行為，去做不正當的勾當。

上面說的是社會上普遍存在的人事顚倒現象，還有更嚴重的。

君主制訂法令，有刑罰和賞賜，是要賞賜有功勞的人，處罰有過錯的人，使有功勞的人得到鼓勵，使沒犯過錯的人以犯了過錯的人為鏡子，不走前人的老路。

然而，浴血奮戰的將士辛辛苦苦，君主不賞賜他們；占卜問卦的人憑一張巧嘴遊說君主，君主不斷地賞賜。君主鼓勵奮勇作戰的戰士拼命殺敵，但這些戰士頭破血流，喪命沙場而無處安身；而君主的大臣，在君主身邊侍奉的人，用美女打動君主，很容易就從君主那裡求得賞賜，他們選擇好房子，好田地，過著又舒服，又受人尊重的生活，而應該得賞賜的那些戰士們沒有得到享受。

還有忠臣和奸臣也搞顚倒了。有些忠臣奉公守法，忠心耿耿，喜歡說直話，批評君主政策的失誤、處事的不當，話不順耳，君主生氣，撤他們的職，或者把他們發配到很荒涼的地方，甚至殺他們的頭。有些忠臣懷著一片忠心，想見見君主也不可能。而奸臣對君主阿諛奉承，想盡方法地討好君主，得君主的寵愛，做高官，享厚祿。

像這樣下去，人們都會挖空心思追求舒適的生活，放棄正當的行爲，去做不正當的勾當。大臣會利用這種情勢，使自己的權勢越來越重，君主的位子怕也坐不穩了。

誰的責任

造成這種社會局面，和大臣、百姓有關，私利和美名促使他們相互攀比，不切實地爲國家做工作，以致形成了務虛而不求實的習俗，但君主有很大的責任。

比如，說私行亂法，社會上有些人隱居在茂密的山林裡、岩洞裡，醉心於自己的學問。表面上，他們不管社會上發生了什麼事情，只顧個人平平靜靜的生活。實際上他們的眼睛還是盯著社會，用自己的思想觀念評論社會政治，大則指責社會，小則迷惑百姓。君主對他們的行爲不加以禁止，反而稱讚他們，給他們美好的名譽，送財物接濟他們的生活，使他們一點功勞都沒有，但名聲顯赫，生活富裕。

像這樣，那醉心私學的人受到鼓舞，更加厲害地批評社會，把老百姓搞得糊裡糊塗。

又比如，君主建立名號是爲了尊重賢士，卻又把看不起名號、看不起從事實際工作的官吏的人視爲淸高；設立爵位是劃分貴賤的等級，但又把怠慢君主，不求見君主的人視爲賢人；用威嚴、利祿幫助人們執行法令，但又讚賞那些輕視利祿和威嚴的人；制定法令是爲了治理好國家，但把那些不遵守法令，只求自我道德完善的人稱爲忠臣。

這麼多不該顚倒的事情被顚倒了。

還有貧富倒置。國家需要糧食，農民勤勞耕種，使糧倉裝得滿滿的。君主加重賦稅，使農民生活貧困。而那些說說笑話，飲酒作樂的人不生產，卻乘坐漂亮的車子，穿著綾羅綢緞。

在君主的影響下，社會上怎麼會不出現人事顚倒的現象呢？

根源

君主不懷私心，一心為公，就不會以個人的行為動搖自己制訂的法律制度，使自己陷入矛盾和尷尬之中。

君主的責任是管理國家，國家沒有管理好，當然是君主的責任。根本在君主有法，但沒有認眞地執法，引起法與行爲的衝突。

在這樣的時候，君主實際上顧了眼前自己的情緒和心理需要而忘記了法。像前面說的，忠臣和奸臣的倒置，就不是用法來治人，而是憑感情治人；對社會上一些違法者的肯定，往往也是這樣。這說明他是用私心取代了法律。

面臨這種局面，君主應該自我反省，既然已經要求臣民守法，君主自己也得守法。首先是不懷私心，一心爲公，這樣，就不會以個人的行爲動搖自己制訂的法律制度，使自己陷入矛盾和尷尬之中。而君主不懷私心，自然就會守法。

聰明的君主知道把社會上顛倒了的事物重新顛倒過來，需要從自己做起，清除自己的私心，不隨順世俗，保持自己和法令的尊嚴，這自然是在教育百姓守法，不要違法犯禁，那麼，被臣民弄顛倒了的事物也會得到恢復。

如果君主放任顛倒的事物，那麼，好端端的國家就沒有長治久安的保障。

警鐘長鳴

古人說：君心難知，喜怒難測。君主自知，就用標記表示眼睛，用鼓傳達聲音，用法體現思想。

如果君主放棄了這三條，而憑一顆衆人難知的心行事，那麽，君主積怒，臣民積怨。君主用積怒治理臣民的積怨，彼此都有危難。

賢明君主心的標記容易見到，盟約就會訂立；他的教誨容易明白，言論就會被應用；他的法紀容易遵守，命令就會得到執行。有了這三條，君主又不懷私心，臣民就會順應君主而得到治理。標記立，法令出，臣民無不聞風而動。

——《韓非子·用人》語譯

伴君如伴虎。因爲君心難知、喜怒難測。事實上，君主並不能讓臣民都視他爲虎，不願親近，也不敢親近。

君主的思想複雜、隱秘一些是可以的。不過，對於那些要實施的思想，終究應該讓臣民知道，或者說讓他們得到某種暗示，以便執行君主的方針、政策，爲國家效力。否則，臣民被君主矇在鼓裡，使他們因爲不了解君主的心而顯得愚昧、笨拙。這將會使雙方都不滿意，彼此心懷怨恨，難免不發生衝突，一旦衝突了，不是君主駕御不了臣民，就是臣民屈服於君主的威嚴，悲劇就會發生。

君心與臣民之心應該相通。

君主之戒

君主解除了臣子的苦惱、勞累，讓臣子工作中有歡樂，臣子就會讓君主也享受歡樂，那麼，君臣都能獲利。

君主高興臣子們都爲朝廷效力，齊心把國家治理得富強安定，不希望臣子們勾心鬥角，一個個像烏雞眼似的，你容不得我，我也容不得你，以致削弱了君主的權威。

話雖這麼說，君主應該注意臣子們的甘苦。要他們安於職守，不能身兼多職，疲於奔命，臣子深感其苦而要使君主歡樂那是很困難的。君主解除了臣子的苦惱、勞累，讓臣子工作中有歡樂，臣子就會讓君主也享受歡樂，那麼，君臣都能獲利。

君主不明察臣子的行爲，重大的事情漫不經心地考慮，臣子犯了一點過錯就嚴加處罰，並且長期怨恨他們的小小的失誤，在他們愉快的時候潑冷水，用災禍回報臣子的恩德，這些等於是在驅趕忠臣而使奸邪的人得到任用，君主就會有下台的禍患。

臣子想盡忠，君主不提供盡忠的機會，忠臣就會灰心喪氣，走了精神，感到沒有什麼希望。反過來說，君主有意設置難題，明知臣子辦不到的事卻硬要他們去辦，然後以未能辦到的罪名處罰他們，這只會造成臣子的怨恨。

君主與臣子應該以恩相結、而不能相互製造怨恨。因此，君主最好能夠安撫臣子的勞苦，哀憐臣子的憂傷，使臣子感恩戴德。晉文公做公子流亡國外的時候，介子推跟隨著他，當文公十分饑餓的時候，介子推甚至把自己腿上的肉割下來給文公吃，這是君臣以恩相交的結果。

以恩相交，君主就不能過分地看重爵祿富貴，臣子爲君主，也要有所得，或者是精神上的，或者是物質上的，不然，國家有危難的時候，誰會樂於爲君主所用呢？像楚霸王項羽，把權柄都操在手上，把大印的棱角磨圓了都不肯交給屬下，一些謀臣、良將就不願爲他效力。他最終敗給劉邦，在烏江邊拔劍自殺了，這也是一個原因。

捨近求遠

治國，不宜捨近求遠。能夠做到不捨近求遠，君主和臣民就會和睦相處，內立功業，外樹名譽。

可以想像，如果燕國的君主不愛本國的百姓而愛魯國的百姓，久而久之，燕國的百姓感受不到君主的溫暖就不會爲君主賣力建立功業；魯國的百姓爲燕國的君主疼愛，又怎麼可能跨越國界爲燕國的君主出生入死呢？

這雖然是一種假設，但君主不愛百姓的事還是有的，一旦出現這種情況，百姓不親附君主，奸臣懷篡權盜財之心，君主無形中被孤立，自然是很危險的。

現實生活中，君主捨近求遠的情形常常發生。

明顯的是，不消除燃在眉睫的禍患，羨慕孟賁、夏育豪壯的死；不謹愼地防範朝廷內顚覆政權的陰謀，在邊境一帶建築金城湯池；不用近侍賢臣的計謀，只顧和千里之外的擁有上萬輛兵車的國君結交。這都是捨近求遠。

捨近求遠，不遇不測就還好，遇了不測，遠水救不了近火。有則涸轍之鮒的寓言，在乾枯車轍裡的小鯽魚，有一點點水就可以活命，如果開鑿渠道，引江水來救它，水勢大，氣魄也大，但小鯽魚等不到江水來就會乾死。君主的捨近求遠和這相類似。

如果奸臣篡權，叛賊兵變，沒有誰可以及時趕到救助。君主的命運可想而知。

忠臣爲君主謀劃，一定不要君主像燕王喜歡魯國的百姓，不要使他們處在現在而羨慕遠古，不要使他們地處中原而盼望遠在南方的越國人來搶救淹在水裡掙扎的人。

能夠做到不捨近求遠，君主與臣民就會和睦相處，內立功業，外樹名譽。

投鼠忌器

投鼠忌器，欲除社鼠而不能。除奸忌主，欲除奸而不能。社樹養育了社鼠，君主養育了奸臣，都會自食惡果。

齊桓公曾經問管仲：「治理國家最怕是什麼？」

管仲說：「最怕的是社樹裡的老鼠。」

齊桓公有點迷惑不解，追問了一句：「為什麼怕社鼠呢？」

管仲回答：「社樹的外面塗著一層泥，老鼠在社樹裡面打了洞，躲在洞裡。用煙火薰老鼠，怕薰壞了社樹；用水灌鼠洞，又怕弄壞了社樹外的一層泥。人想抓住社樹裡的老鼠也不可能。國家也有社鼠，這就是您身邊不忠誠的重臣。他們依仗勢重在朝廷外剝削百姓，在朝廷內相互勾結矇蔽您，並且把刺探來的秘密情報偷偷地洩露給諸侯。他們權利大，地位高，執法的官吏不處罰他們就亂了君主的法令，處罰了他們君主就不安寧，只得眼睜睜地讓他們留在君主身邊。這不就是國家的社鼠。」

投鼠忌器，欲除社鼠而不能。

除奸忌主，欲除奸臣而不能。

類似社鼠的奸臣是國家的蛀蟲，蛀空國家，肥了自己。

社鼠把社樹弄成一副空架子。奸臣把君主弄成一副空架子。社樹養育了社鼠，君主養育了奸臣，都會自食惡果。

西門豹治鄴

君主防奸邪，既要從自己身邊做起；又要認真地體察，不能聽一面之詞。忠臣為君主勤勤懇懇地工作，不徇私情，卻可能得罪了君主左右的那些貪官污吏。

魏文侯的時候，有個叫西門豹的人在鄴縣做縣令，他為官清正廉潔，把鄴縣治理得井井有條。但是，他對魏文侯左右的人不巴結，不逢迎。這些人很惱火，串通一氣，在魏文侯面前進讒言，魏文侯相信讒言，決定撤銷西門豹的職務，把他的大印收了回去。

西門豹看到這種情形，向魏文侯請求說：「我過去不知道怎樣治理鄴縣，現在我知道了。請您把鄴縣縣令的大印還是交給我，讓我再治理鄴縣。如果治理不好，您就把我處死。」魏文侯動了心，還讓他做鄴縣縣令。

這一年，西門豹改變治縣方針，加重百姓的賦稅，用大量的錢財賄賂魏文侯左右的官吏。又到了年終，魏文侯很尊敬地把他迎進宮中，二話不說，仍然要他做鄴縣縣令。

西門豹卻說：「我去年是爲您治理鄴縣，您撤我的職，奪我的印；今年我爲您左右的人治理鄴縣，您卻依然讓我擔任鄴縣縣令。這個鄴縣我實在不能再治了。」他交還了大印拔腿就走。

魏文侯猛然醒悟，他拒不接受西門豹的大印，並且說：「我從前不了解你，現在了解了。希望你還是努力爲我把鄴縣治好。」

這個故事很有意味，忠臣爲君主勤勤懇懇地工作，不徇私情，卻可能得罪了君主左右的那些貪官污吏。這些人不站在君主和國家的立場上，不惜誣陷忠臣以矇蔽君主，使政績優秀、本該受到獎賞的官吏受到處罰，優秀的政績成了罪過，奸臣大膽妄爲，放縱自己的慾望，冷了忠臣的心，使他們不願爲君主所用了。

君主禁止奸邪的行爲，卻讓有這種行爲的人得到利益，忠誠的行爲對君主有利反而遭到禁止，這樣下去，無論多麼賢明的君主也治理不好國家。君主防奸邪，既要從自己身邊做起，又要認眞地體察，不能聽一面之詞。

取人之長，補己之短

人應該看到自己的短處，才談得上取長補短。各用其長，彷彿是船走順風，平穩快捷。

有一隻猛虎抓到了一隻狐狸。狐狸說：「你不敢吃我。天帝派我掌管天下的野獸，現在你吃我，是違背了天帝的命令。如果你不相信我的話，我在你前面走，你跟在我後面，野獸們看到我沒有敢不逃走的。」老虎一想，覺得牠的話有道理，就跟在大搖大擺的狐狸後面。野獸們見到了牠紛紛逃竄，老虎不知道野獸們是害怕自己，以爲牠們是害怕狐狸。

這則狐假虎威的寓言是狐狸藉了老虎的威勢，也可以說是狐狸取老虎之長補自己之短，牠有機智而無威風，依仗老虎獲得了威風，使野獸們驚恐萬狀，紛紛逃避。用狐狸比擬人不很恰當，但人確實有不足。堯該聰明吧，沒有衆人的幫助就不能建立功業，烏獲力氣很大，沒有人的幫助就舉不起千鈞重物。

人應該看到自己的短處，才談得上取長補短。君主不僅要看到自己所短，而且還要看到他人所短。譬如說，明知道烏獲的力氣不足以舉起千鈞，硬要他去舉；明知道孟賁、夏育不可能戰勝對手，強迫他們非戰勝不可。君主使他們陷於困境，也就會使自己陷於困境之中。

君主的取長補短還有一種新意義，就是以這個大臣的長處彌補那個大臣的短處，相反也一樣。各用其長，彷彿是船走順風，平穩快捷。假如君主用大臣的短處，那麼，大家的行爲都很被動，事情難得成功，甚至使國家沒有忠貞之士、聖賢之人而分崩離析。

前車之鑑

君主的失誤：

貪圖蠅頭微利而損壞了大利益。

沉溺於女色、歌舞，不顧國政。

有過失不聽忠臣的勸告，一意孤行。

離開朝廷，在外遠遊而輕視諍諫之士。

剛愎自用，對諸侯沒有禮貌。

在內不自量力，對外依仗諸侯。

……

——《韓非子・十過》語譯

君主的失誤雖然受外界的影響，但主要是君主自己顧了玩耍遊樂、貪得無厭，忽略了隱藏在它們後面小則亡身，大則亡國的嚴重危險。

君主擁有國家，統治萬民，凡事都自以爲是，唯己獨尊，一貫正確，有忠臣不能用，釀成了悲劇自己不能覺察，更顯得可悲。

每一個人都有自己的社會責任，君主也是如此。君主不履行自己的那份職責，抱定自己是君主，爲所欲爲，就有可能走前人翻車的老路。

前人的行爲是一面鏡子。

脣亡齒寒，虢亡虞滅

晉獻公以垂棘之玉，屈產之馬換了整個虢國。虞公貪圖小利，只顧眼前不顧危害，做了晉公的階下囚，脣亡齒寒虢亡虞滅。

晉獻公想找虞國借路去攻打虢國。

晉大夫荀息對獻公說：「您如果用垂棘出產的美玉、屈地生長的駿馬去賄賂虞公，請求他借條路讓我們走，他一定會借的。」

晉獻公說：「垂棘的美玉是我祖輩留下的寶貝，屈地的馬是我的駿馬，如果虞公接受了我的禮物，不借路給我們，怎麼辦呢？」

荀息說：「他不借路給我們，就不敢接受我們的禮物。如果接受了我們的禮物而借路給我們，對我們來說，美玉就像從裡面的倉庫取出來存放在外面的倉庫，駿馬就像從裡面的馬欄牽出來放在外面的馬欄裡。您不必擔心。」

晉獻公說：「好吧。」就派荀息把美玉和駿馬送給虞公，向他借路。

虞公貪財，想得到這些財寶，準備答應晉獻公的請求。

虞國大夫宮之奇勸阻他說：「不能答應。虞國和虢國唇齒相依，嘴唇沒有了牙齒就會寒冷。如果借路給晉國去消滅虢國，那麼，虢國早晨滅亡，虞國就會在傍晚滅亡。」虞公聽不進他的意見，接受了禮物，借路給晉國。

荀息率兵攻打虢國，滅了虢國。三年後，他發動軍隊攻打虞國，消滅了虞國俘虜了虞公。

荀息牽著當年送給虞公的馬，拿著那美玉來見晉獻公。獻公高興地說：「美玉還是老樣子，只是駿馬長大了。」

虞公貪圖小利，不顧危害，做了晉獻公的階下囚，國家也滅亡了。

人們都好利愛寶，能夠放棄自己愛好的東西送給別人，總是想圖報答。以小利換大利是一般的常規，晉獻公就以垂棘之玉、屈產之馬換了整個虢國。

得了小利的虞公，最初看起來沒有什麼害處，是由於美玉、駿馬遮住了他的雙眼，只顧眼前，想得不深不透，宮之奇深謀遠慮、忠言直諫也無濟於事。最後，他不僅把美玉、駿馬還給了晉國，還把國家弄丟了。

女色歌舞毀政

要講輕鬆快活，治國哪裡比得上以女色歌舞為伴，但後者怎麼能夠取代治國。一旦取代了，樂不思政，亡國之禍隨後就會降臨。

戎王派由余出使秦國。秦穆公問他：「我曾經聽說治國之道，但沒有親眼看見，請你給我講一講古代君主得到國家與失去國家的原因。」

由余回答：「我聽說節儉得國，奢侈失國。」

穆公有點奇怪：「我放下君主的架子來問你，你爲什麼用節儉來回答我呢？」

由余回答：「從前堯有天下，用瓦缽子吃飯，用瓦罐子喝水，天下人心悅誠服。舜有天下，用木製食器，還塗上黑顏色的漆，諸侯認爲奢侈，有十三個國家不服。禹有天下，祭器上了黑漆，還用紅色畫上畫，墊褥用絲綢做成，吃飯用的缽子、碗畫了各種各樣的花紋，而不服從的諸侯國有三十三個。到了殷商時期，天子的生活更加豪華奢侈，而不服從的諸侯國有五十三個。所以我說節儉是治理國家的方法。」

由余走了以後，穆公很不高興，鄰國有這樣傑出的人才，就是自己國家的禍患，怎麼辦呢?他把內史廖召來，研究對策。

內史廖說：「戎王居住的地方偏僻，道路遙遠，沒有欣賞過我們這些國家的音樂。你把善於歌舞的美麗女郎贈送給他，擾亂他的朝政。把由余留在我們這裡，使他們君臣不合。」

內史廖把十六個漂亮的舞女送給了戎王，順便爲由余延長了出使秦國的時間。從此以後，戎王天天聽音樂看舞蹈，不知道疲勞，一年下來，國家餵養的牛馬都死去了一半。由余回國後，好心勸告戎王治理朝政，戎王沉浸在漂亮的姑娘、優美的音樂舞蹈中，哪裡聽得進去。於是，由余離開戎國到了秦國。

秦穆公親自去迎接他，任命他爲上卿。向他請教戎國的軍事力量和地形，然後發兵攻打戎國，從此先後兼併了十三個國家，開闢了方圓千里的領土。

女色、歌舞，用的人不同，結果也不同。秦穆公用她們離間了戎國君臣，使由余歸於自己的麾下。戎王不知是計，貪圖安樂享受，懶得過問朝政。要講輕鬆快活，治國哪裡比得上以女色歌舞爲伴，但後者怎麼能夠取代治國。一旦取代了，樂不思政，亡國之禍隨後就會降臨。

君主應當把國家利益放在首位。

齊桓公之死

不聽忠臣的意見而用奸臣，把可能得到的忠臣拒之門外，使他失去了真正的治國幫手，還供養了自己的掘墓人，是齊桓公的最大失策。

春秋時期，管仲輔佐齊桓公九次會合諸侯，使他擔任了諸侯的首領。

歲月不饒人，管仲年紀大了，病在家裡，齊桓公到他家探望，問道：「仲父患病，如果不幸病不能好轉，誰爲國相合適呢？」

管仲答道：「我老了，有些糊塗。我聽說，沒有誰比君主更了解臣子，就像知子莫若父一樣。您試著自己決定吧。」

桓公問：「鮑叔牙怎樣？」

管仲說：「不行。鮑叔牙爲人剛愎強悍，不足作爲霸王的左右膀。」

桓公又問：「那麼豎刁如何？」

管仲說：「不行。愛惜自己身體是人之常情，因爲您喜歡宮妃，豎刁自動閹割了爲您管理她們。他連自己的身體都不愛，又怎麼能愛您呢？」

桓公再問：「衛公子開方行不行？」

管仲說：「不行。開方爲了討您的喜歡，十五年沒有回家看望父母，這也不合人情。他連父母都不親近，怎麼能夠親近您呢？」

桓公繼續問道：「易牙可不可以？」

管仲說：「不行。他爲您調味，您沒有吃過人肉，他就把兒子的頭蒸給您吃。做父親的沒有不愛兒子的，他連兒子都不愛，怎麼能夠愛您呢？」

桓公提了這麼多人，管仲都說不行，他只好說：「那誰可以呢？」

管仲說：「隰朋可以。他爲人內心堅定而行爲廉潔，私心少誠實多，可以輔佐霸王，您還是任他爲齊相吧。」

桓公說：「好。」

一年後，管仲死了，桓公不用隰朋而用豎刁，過了三年，豎刁勾結易牙等人作亂，把齊桓公關在宮裡，齊桓公沒有吃的、喝的，飢渴而死。

不聽忠臣的意見而用奸臣，是齊桓公的最大失策。他輕信了豎刁這種小人，忽略或者說根本就沒有把管仲的話放在心上，把可能得到的忠臣拒之門外，使他失去了眞正的治國幫手不說，還供養了自己的掘墓人，壞了一度橫行天下的名聲，貽笑於後人。

遠遊差點釀成的悲劇

君主遠遊，前呼後擁，宴飲歌舞，實在是快樂的事。君主在享受快樂的時候，別忘了聽臣子的意見。即使當頭潑一盆涼水，也要冷靜、清醒。

一次，齊國的田成子到海上遊玩，玩得非常高興。於是向各位大夫下令道：「誰說回去，就把誰處死。」

顏涿聚說：「您在海上玩得這樣興高采烈，如果有臣子想篡奪國家政權，那怎麼辦呢？到那時候，您雖然感到在海上遊玩很快活，但怎麼能夠重享這種快活呢？」

田成子生氣地說：「我已經發布了命令，把說回去的人處以死刑。現在你違犯了我的命令。」說完，拿著戈矛就要刺殺他。

在田成子要殺還未下手的時候，顏涿聚又說：「從前夏桀殺忠臣關龍逢，商紂殺忠臣比干，你現在殺了我，成就了我和他們相同的忠臣之名，我已經感到滿足了。再說，我是爲了國家，而不是爲了我自己。」說完，伸長脖子走到田成子面前說：「您殺了我吧。」

田成子聽了這番話，心裡震動了，馬上放下戈矛，要人趕快駕車返回都城。回來才三天，就聽說有人在策劃不讓他再回來。

田成子險遭不測，多虧了顏涿聚及時勸告他。

君主遠遊，前呼後擁，晏飲歌舞，實在是快樂的事。如果喪失了君位，不但遠遊的快樂無從談起，什麼快樂都不存在了。想重新陶醉於大自然中，也只可能是一場夢。

是貪圖快樂重要，還是君位、君權以及自己的生命重要是很明顯的。

君主在享受快樂的時候，別忘了聽臣子的意見。即使當頭潑一盆涼水，也要冷靜、清醒。

剛愎自用

君主滿足於表面的威風、强大，不虛心對待諸侯，以求得到諸侯的衷心擁戴，那麼他的威風、强大很快就會消失，取而代之的是人生的悲劇。

從前，楚靈王在申地召集諸侯，宋太子佑遲到了，靈王把他捆綁起來，關在房子裡，並且調戲徐國國君，還拘留、關押了齊國大夫慶封。

當時，伍舉是楚靈王手下的一個小臣，他看到這些情形，十分憂慮，就勸楚靈王說：「君王會合諸侯，不能夠對他們沒有禮貌。如果對他們沒有禮貌，那是國家將要滅亡的徵兆。古代夏桀在有戎會合諸侯而有緡背叛了他，黎丘會合諸侯而戎、狄背叛了他。不是別的，都是因爲他對諸侯沒有禮貌。歷史的教訓在這裡，您還是好好想一想，不要這樣做了。」

楚靈王不聽，仍然按自己的意願行事。

過了幾年，楚靈王到南方巡遊，遭諸侯劫持，他的兒子也被殺死了。

楚靈王一人在乾溪的山上彷徨，沒有人敢收留他。他走著走著，遇到一個從前在宮中打掃環境衛生的人，對他說：「爲我弄點食物，我已經三天沒吃東西了。」那人說：「新王有令，給東西你吃、跟隨你的人，罪滅三族。再說，我也無法弄到食物。」

靈王沒有辦法，枕著那人的大腿睡著了。那人趁著靈王睡熟了，用土塊代替自己的大腿，偷偷地逃走了。靈王餓得起不來，最後死在那裡。

剛愎自用，對諸侯沒有禮貌，得了這樣的下場。

人生有輝煌的時候，楚靈王會合諸侯，懲治不合自己意的人，是多麼威風，得意忘形，把本來與自己地位平等的人不放在眼裡。他沒有想到只能稱雄於一時，過了這一陣子又將怎樣呢？

剛愎自用是對諸侯沒有禮貌的禍根，如果楚靈王聽了伍舉的話，及時糾正自己的行爲，也許不會產生後來的悲慘結局。

君主滿足於表面的威風、強大，不虛心對待諸侯，以求得到諸侯的衷心擁戴，那麼，他的威風、強大很快就會消失，取而代之的是人生的悲劇。

救星夢

歷史是一面鏡子，君主鑑古則知今，可以警醒自己，避免治理國家的失誤。正確的決策應該是現實的，既權衡自我的力量，又權衡到別人的情況。

從前，秦國攻打韓國的宜陽，形勢危急。

公仲朋對韓君說：「不能依賴鄰國的援救，還是通過張儀與秦國講和，用一座名城賄賂他們，讓他們向南攻打楚國，這樣，既解了我們的圍，又使秦國和楚國的關係惡化。」

韓君說：「好吧。」並叮囑公仲朋慎重行事。

楚王知道了這件事感到擔憂，把陳軫召來告訴他：「公仲朋將到秦國去求和，怎麼辦呢？」

陳軫說：「秦國得了韓國的一座名城，秦韓兩國聯合起來，會攻打楚國。聽說秦王在祠廟裡祈禱，一定是要侵犯楚國。您趕快派可靠的大臣多送車輛、錢財給韓國，並對韓君說：『我國雖然小，但已全國動員援救你們，希望你們和秦軍決戰。如果不相信，可以派人到我國來察看軍隊。』」

韓君派人到楚國，楚王率領隨從在大路上迎接他，並對他說：「回去報告韓君，就說我國的軍隊將要進入韓國了。」

韓國使者回去報告了韓君，韓君十分高興，要公仲朋不要再去和秦國講和。公仲朋說：「不行，秦國告訴了我們實際情況，而楚國只是在名義上救我們。聽信了楚國的空話，忽視了來自秦國的災禍，國家危險。」

韓君不聽，宜陽的形勢越來越緊急。

韓君派一個又一個使者到楚國催救兵，救兵始終不到。

宜陽被秦軍攻克了。韓君的故事被諸侯恥笑。

正確的決策應該是現實的，既權衡自我的力量，又權衡別人的情況。韓君的失敗就在於缺少權衡，聽信了本來交情不厚、關係不深的楚國的謊話。不知道楚國正希望韓國被削弱，這樣，楚國就顯得更強大。

歷史是一面鏡子，君主鑑古則知今，可以警醒自己，避免治理國家的失誤。

從自身做起

有形的，巨大的事物一定起於幼小事物；經久的，眾多的事物一定起於少量的事物。

「天下的難事必須從容易做起，天下的大事必須從小事做起。」

圖難於易，為大於細，千丈之堤，潰於蟻穴；百尺之室，焚於煙囪的縫隙。

所以，制裁事物要從事物小的地方開始。

《韓非子·喻老》語譯

從小到大、從少到多，事物的發展往往如此。和它相類似，人的行爲往往也是從點滴做起。

君主既以權勢、威嚴治理國家和民衆，就需從自身做起。自身的行爲是無聲的法令，無形的指揮棒。

以身作則，話雖好說，實行起來，一舉一動，要眞像法則。

用電筒照別人容易，照自己的困難，還是在照別人的同時，也照照自己。

諱疾忌醫的代價

凡事都有一個開端，像人的病在腠理一樣。人的病在腠理容易治療，病在骨髓無可救藥。小病養成了大病，就無法收拾了。

名醫扁鵲去見蔡桓公，過了一會，扁鵲對蔡桓公說：「你的病在腠理，不醫治會加重。」桓公說：「我沒有病。」扁鵲走了，桓公看著他的背影，很感嘆：「醫生喜歡給沒有病的人治病，以此作爲自己的功勞。」

過了十天，扁鵲又去見蔡桓公，說道：「你的病在肌膚，不治療會加重。」桓公懶得搭理他，心裡很不高興。

又過了十天，扁鵲再去見蔡桓公，又說：「你的病在腸胃，不治療會更重。」蔡桓公還是不當一回事，對扁鵲有點反感。

一晃，又是十天。這次扁鵲見到蔡桓公，轉身就逃。桓公感到奇怪，派人去問是什麼原因。扁鵲說：「人的病在腠理，用湯藥可以治療；病在肌膚，用針灸可以治療；病在腸胃，用火煎的藥可以治療；病在骨髓，就沒法治療了。現在，蔡桓公的病就在骨髓，我無話可說了。」

過了幾天，蔡桓公的病發作，派人去請扁鵲，扁鵲已經逃到秦國去了。於是，桓公死去。

凡事都有一個開端，像人的病在腠理一樣。人的病在腠理容易治療，病在骨髓無可救藥，小病養成了大病，就無法收拾了。

扁鵲見蔡桓公的故事只是一個比喻，用患病與治病，說明君主的修養要從小事做起。

人沒有完美無缺的，這很正常。主要是人不要自認為完美無缺，否則，就會為自己的不足作掩飾。蔡桓公的悲劇在於看不到自己的毛病，別人看到了，他不檢查自己，反而指責別人，結果害了自己。人需要不斷地自我完善，避免人為的禍患。千里江堤，潰於蟻穴；百尺高樓，被從煙囪縫隙裡滲出的火花燒毀，都是很慘痛的教訓。

誠信

人們應該誠信待人，人無信不立，古代君主待臣民是這樣，現在領導者待屬下，上級待下級也應該這樣。

相傳，曾參的妻子有一次到市集上去，她的兒子跟在後面哭泣，吵著也要上街。曾參的妻子說：「你回去吧。等我回來殺豬給你吃。」

等她從市集上回來，曾參要去殺豬。她說：「我只是給孩子開個玩笑，你怎麼當眞呢？」

曾參說：「不能隨便給孩子開玩笑。孩子沒有知識，要向父母學習，聽父母的教誨。現在你欺騙他，就是教育他學會欺騙。而且，你欺騙他，他就不相信你。」

人們應該誠信待人，韓非子講這個故事，是以父母和兒子的關係，比喻君主和臣民的關係。父母在兒子面前應該守信，君主對臣民，也應該守信。

晉文公發動軍隊攜帶十天的糧食攻打原地，約定用十天功夫。十天過了，眼看著原地要被攻克，晉文公卻下令退兵，說是不能夠因爲得到原這塊地方而失信於民。

楚厲王專門設了一面報警的鼓，一次喝醉了酒，和群臣敲著好玩。百姓聽到鼓聲以爲是外寇入侵，蜂擁而至。楚厲王說明原因，百姓知道後都鬆懈了。當厲王眞的敲鼓報警的時候，百姓以爲還是遊戲，沒有人前來抵禦外寇，保衛國家。厲王就改變法令，以取得百姓的信任。

這看來都是小事，但小事不小。君主在這些事情上能夠誠信待人，在更大的事情上也會同樣如此，刑賞也會誠信。臣民知道君主言必行，行必果，就會樂於爲君主所用，君主的法令就會得到執行。

人無信不立，古代君主待臣民是這樣，現在領導者待屬下，上級待下級也應該這樣。否則，屬下或下級就多猜忌，也不會相信領導者或上級，能敷衍則敷衍，能矇混則矇混，那麼，事業就不可能進取，所在單位，企業也不可能興旺發達。

桃李不言，下自成蹊

君主治國，要掌握大政方針，堅定、切實地執行，率領臣民共同前進。君主要加强自身的修養，做臣民行爲的模範。

君主躊躇滿志或是憂國憂民，都要想到自身在全國或天下的作用。不管君主明不明說，君主的行爲就是臣民的表率，它彷彿是一面旗幟，引導人們跟在後面走。

相傳，齊桓公喜歡穿紫色的衣服，引發全國人都穿紫色衣服。當時，五匹白絹也換不了一匹紫綢，齊桓公一想，著急起來。

他對管仲說：「我愛穿紫色衣服，它的價格太昂貴。全國的百姓都像這樣，你看怎麼得了呢？」

管仲說：「你想制止百姓不這樣做，首先自己不穿它。還有，你對身邊的人就說：『我很討厭紫色衣服的氣味。』」

剛巧，有人穿著紫色衣服來拜見齊桓公。齊桓公聲色俱厲地說：「往後退一退，我討厭這紫色衣服的氣味。」

就在這一天，朝廷裡的郎中就沒有哪一個穿紫色衣服了。很快傳開去，百姓們都不穿紫色衣服了。

上行下效，是因爲臣民高度信賴君主。君主不親自做的事，百姓就不相信。或者說百姓相信的是君主實實在在的行爲，口頭上說得再好聽，也難取信於民。

君主治國，不可能大小事情一把抓，但君主要掌握大政方針，堅定、切實地執行，率領臣民共同前進。這不是說君主可以不拘小節，因爲君主的任何行爲，都會在臣民中有反響，使人們有意去追求。因此，君主要加強自身的修養，做臣民行爲的楷模。否則，上樑不正下樑歪，社會就亂成一團。

「桃李不言，下自成蹊」，說出了一個眞理。

君主要做世人的榜樣

君主應該是世人的好榜樣。人們若不能施展自己的才能，自然憂慮自己的不足之處。

君主是世人的榜樣，有許多例子。

相傳，楚靈王喜歡細腰，他的臣子們要迎合君主所好，想出「減肥」的良方，使自己長得苗條，受靈王寵愛。他們一天只吃一頓飯，作深呼吸後勒緊褲帶，然後扶著牆慢慢站起來。過了一年，滿朝的人都面黃饑瘦，腰自然也細了。

說眞的，誰不希望有健康的體魄，這些人完全改變了自己的生活，心甘情願地面黃饑瘦，主要是跟著君主的愛好轉圈子。

君主應該是世人的好榜樣。

君主自己不像堯、舜那樣聖明，而要求臣子都像比干、伍子胥那樣賢能是不可能的。再說，君主不權衡國家的力量，就會有奸臣出現，而君主認不清奸臣的面目，希望他像比干，國家就得不到一天安寧。

君主不做堯、舜，而做夏桀、商紂那樣的暴君，人們若不能夠施展自己的才能，自然憂慮自己的不足之處。這樣，君主本來要依靠他們建功立業的，也就無法建立功業，國家成了一副空蕩蕩的架子，人們守護著自己的缺陷，也就不能安居樂業。像這樣，君主還談什麼治國，憑什麼管理臣民，臣民又靠什麼來爲君主服務呢？

安危興衰

四道

君主想辦事，大臣們不考慮這事開始怎樣，結局如何，而只想了解君主的意願是什麼。如果有人去做了，沒有利益不說，還會有害處。

賢明的君主應該遵循事物客觀的規律，去掉主觀的慾望，辦事有方，權衡收入的多，付出的少，這樣的事情就可以去做。

糊塗的君主不是這樣，他們只管收入多少，不論付出多少，付出的比收入的多了幾倍，也不知道它的危害，這就是名義上得了，實際上損失了。像這樣，功勞小而害處大。

論功勞，收入多，付出少，才叫做功勞。現在，浪費很大沒有罪，得了一點利益，就算功勞，那麼，大臣們花國家的大量錢財取得一點小小的成就，這對君主仍然是有害的。

——《韓非子·南面》語譯

人們在社會生活中，離不開算計利益的出入，名譽的得失，自然希望利益大於弊害，美譽勝過惡名。

君主也應該算計國家在政治、經濟、軍事等衆多方面的得與失，這和普通人的算計決然不同，但在根本上還是力求獲得大於損失。如果只有損失，沒有收穫，無論他享有多大的基業，終究會付諸東流。

君主的算計，要通過大臣來實現，政治帳、經濟帳，或者是其他什麼帳，收支平衡是最基本的法則，支付大於收入，除非是一時的以退爲進，否則，沒有絲毫可取的地方。如果君主放任大臣的行爲，只要見了成績就興高采烈，而不管付出多少，使大臣有意識地去迎合君主喜歡功勞的心理，不顧惜國家的損失，甚至發展到欺騙君主。

君主心中應有一本帳，只知利，不知害；只顧得，不顧失，昏庸度日，難保不害了自己，也害了國家。

安危之道

人莫不思安拒危，安危有道。
安危之道並行，宜化危為安。

人莫不思安拒危，安危有道。君主臨天下、治國家的特殊地位，使他的安危之道繫著天下、國家，不同尋常。

安全之道：賞罰隨是非，禍福隨善惡，生死隨法度，有賢與不肖而無愛惡，有愚智而無非譽，有法度而無猜測，有誠實而無狡詐。

危亡之道：在法紀內外任意砍削，從對他人有害的事情中獲取利益，因他人的災禍感到高興，爲他人的平安製造危難，對寵愛的人不親近，對討厭的人不疏遠。

安危之道羅列了這麼多條，執法與不執法是根本。依法行事，賞罰、禍福、生死等等都各得其宜，人們安全，君主，國家也就安全了。

就像安危相伴一樣，君主執法與憑主觀意願辦事總像是一對姐妹。法為國家而立，然而，君主也像常人一樣有私人情感和自我意志，弄不好就以自我的意願代替了國法，法也就被扭曲了。那時候，行為失度，像安全之道的賞罰隨是非，將會是欲賞則賞，欲罰則罰。

至於興災樂禍之類，與人離心離德，是君主把自己放在人們的對立面，以一時的快樂使自己置身於孤立的境地，也是十分危險的。

人都樂生而惡死，樂生則尊主，惡死則令行。君主思安拒危，就要使人保持這種人生態度，達到尊主令行的目的。

安危之道並行，宜化危為安。

霸王之道

君主的治國之道，最根本的是法治。國家法禁明確，百官就會守法；賞罰果斷，用起百姓來就很順手。那麼，國家自然富足，軍隊自然強大。

人患病，明知道打針很痛，仍然要接受打針；也清楚藥味很苦，還是要吃藥。因爲不這樣，人的病就治不好，忍痛受苦以求對自己有利。

君臣之間的關係總不如父母與兒女之間的關係吧。父母對兒女的算計，看有利還是無利，長利還是短利。像有的父母，生了兒子就聚集親朋友好友大擺宴席慶賀，生了女兒就很平常啦，就是利在作怪。

現在有人勸君主不要懷有求利之心，而要講人與人之間的慈愛，用道義來治理國家，這是強求君主待臣子超過父母待兒女，那怎麼可能呢？所以，沒有一個賢明的君主能夠完全用仁義治理好國家。

君主的治國之道，最根本的是法治。國家法禁明確，百官就會守法；賞罰果斷，用起百姓來就很順手。那麼，國家自然富足，軍隊自然強大。君主不但治理好了國家，而且可以成就霸王之業。

成爲天下霸王是君主最大的利益，因此君主根據人們的能力，授予不同的官職，該賞則賞，當罰則罰，不徇私情。臣民懂得了這些，必定盡心竭力，建功立業以取得官職、俸祿，使自己富貴起來。

富貴是臣民的大利，他們懷著求富貴的心積極爲君主、國家效力，儘管有可能冒著生命的危險，使自己拋頭顱、灑熱血，也沒有什麼怨恨。

財貨之道

講財貨、仁慈，都得以法治為基礎，失去了法治，財貨充足也是有害的。

有人說，財貨充足社會就可以得到治理。其實，他不懂，財貨充足並不能把社會治理好。

富貴人家財貨該充足吧。一充足，他的愛子用起來就隨隨便便，揮金如土，生活奢侈。父母寵愛兒子，不忍心勸阻他，養成他們驕橫放縱的習慣。這就有了兩大惡果。一是他生活奢侈，花起來無所顧忌，家產再大，也會弄得精光，一貧如洗；二是驕橫放縱，行爲就暴虐無道，惹事生非。這是財貨充足加上愛心重的禍患。

即使全社會財貨充足，也不行。財貨足，人心不足。要人人都像老子那樣知足常樂、清心寡慾不用說是不現實的，而認爲財貨足就可以治理國家，就是希望社會上的人都像老子。

像夏桀吧，貴爲天子而不滿足於自己的尊貴，富有天下而不滿足於所擁有的財寶。君主可以使百姓滿足，但難以使自己滿足，這樣，憑什麼來治理國家呢？

賢明的君主不單靠財貨治理國家，而是依現實收聚財物，論稅賦均貧富，使爵位高，俸祿厚賢能的人才能得到發揮，並且加重刑罰禁止奸邪，讓人們通過自己的勤勞及建立的功業，獲得富貴。

人生的經驗、教訓是財貨充足就懶於花氣力再創造，容易沉溺在享樂中；君主的法治懦弱，人們就會放肆地爲非作歹。君主不能不警惕。

講財貨、仁慈，都得以法治爲基礎。失去了法治，財貨充足也是有害的。

鬼神之道

占卜問神，也許有靈驗的時候，但那實際上是事情的巧合，而不是什麼鬼神的庇護。

趙國要攻打燕國，占卜爲「大吉」；燕國要攻打趙國，占卜也爲「大吉」。兩國相爭，必有勝負，不可能都是「大吉」。就像一個賣矛又賣盾的人說，我的矛銳利，沒有什麼盾不能刺穿；又說，我的盾堅固，什麼樣的矛都刺不穿它，自相矛盾，也就不攻自破了。

趙國曾經占卜攻打燕國，劫持燕國以對付秦國，占卜也是「大吉」，不料攻打燕國不能得手，而遭到秦國軍隊不斷攻擊，國土被削弱了，軍隊也受到侮辱，這也不是神在欺騙趙國，是他們的力量不足以和秦國對抗。

人不能依賴鬼神，有多少人依賴鬼神取得勝利，或者是鬼神眞的保祐他們。齊國和魯國將在長勺交戰，魯莊公說他憑藉祭祀鬼神的虔誠忠實與齊軍一戰，曹劌說這樣不行，只有了解民情，贏得民心才能一戰。依靠這一點，才取得了戰鬥的勝利。晉獻公向虞國借路去攻打虢國，虞國大夫宮之奇認爲萬萬不能借，虞虢唇齒相依，唇亡齒寒。虞國的國君說：我的祭品豐盛乾淨，神會保祐我，執意借路給晉國。結果，晉國消滅虢國以後，又消滅了虞國，哪裡是神能保祐的。

君主明白了鬼神不能依賴的道理，就會盡心盡力親附百姓，依法辦事。法令明確，忠臣、奸臣都知道該怎樣做。盡忠有賞，行奸必罰，忠臣會受到鼓勵，奸臣不得不放棄邪行。

混亂虛弱的國家容易滅亡，太平強大的國家可以稱王，依民用法是治強之道。越王勾踐先不這樣做，與吳國交戰，大敗，連自己也被捉到吳國做了奴僕。他回國以後，臥薪嚐膽，申明法令，親附百姓，十年後再與吳國交戰，大勝，還俘虜了吳王夫差。

信奉鬼神而好祭祀，不僅浪費了光陰，而且使國家潛藏了危機。

生殺予奪

君主不把深藏於內心的隱秘之事洩漏給左右侍從，使有話要說的大臣不得不首先順應左右侍從的心，然後再上報給君主。這樣，正道直言的人見不到君主，忠臣更加被疏遠。

君主愛臣，不單獨施捨、獎賞，一定要等左右侍從稱讚後才這樣做。相應地，憎恨臣子，不專斷地指責、處罰，也等左右侍從批評後才這樣做。結果是君主失去了威嚴而左右侍從的權利很大。

君主不願承擔親自辦事的勞苦，要群臣集體辦事，把權勢交給他們，本來是君主獨有的生殺予奪大權也就到了大臣手上。

——《韓非子·三守》語譯

韓非子把上述稱「三守」，說簡潔一點，君主應該守君術、君威、君權。國有國寶，君有君寶，君術、君威、君權就是君主之寶。

把守君主之寶而不丟失，不輕易地給人看，更不用說隨便讓人。身爲君主，應該有深藏不露的襟懷，以公心待人，沒有偏私，和左右親近的人心心相印。如果以他們認爲的是非爲是非，以他們辦的事爲君主的事，君主表面上減少了勞累和痲煩，其實，君主的權利和威嚴慢慢移到大臣身上去了，對君主有更大的危害。

君主之道，法術勢並行，才能治國強身，放棄不能放棄的東西，使自己陷於被動以致災禍之中，大臣操君權而要主子的威風，爲所欲爲，君主倒是要做小媳婦了。

到了這一步，君主淚流乾了，血接著往下流，也是沒有辦法的。

控臣

君主富臣、貴臣；寵信臣，都必須把臣置於自己的手心，在控制下使用他們。

君主的思想要隱密難測，否則，大臣會乘機濟其私慾。君主辦事一旦不當，大臣就會改變處事的一般法則。所以，君主處事待人一定要不偏不倚，沒有偏斜。不分親疏，同等相待。

用臣，需要小心。

治理宮內，任命侍臣，使用而不寵愛。

治理宮外，一個職位安排一人，使他們各守其職，不得放肆，不得超越自己的權限，這樣，就不會出現侵權、違背規矩一類的事情了。

治理國家，要使大臣言行一致，不讓他們爲自己謀私利。這是考慮到國家和君主的利益。如果寵愛內宮侍從，放縱宮外大臣，會使那狡詐的人越來越多，君主周圍的奸臣也越來越多。

這樣，君主怎樣處理和大臣之間的關係就成了要緊的問題。

富了大臣好不好？不好。富了他們窮了君主，君主會向他們借貸，減緩經濟上的危機。

貴了大臣好不好？不好。貴了他們賤了君主，君主受他們逼迫，使君主不像君主。

專門寵信一人好不好？不好。寵信一人君主有一天會失去自己的國家。

如此說來，君主要自富、自貴、自信。

小腿比大腿還粗，行走就不會迅速。君主的思想透明可鑑，奸臣就會像猛虎緊緊跟隨。

聰明的君主不使大臣的封地很大、家庭很富有以及地位很尊貴，以免他們的勢力超過了自己，出現君主最不願看到的被人取而代之的局面。

君主富臣、貴臣、寵信臣，都必須把臣置於自己的手心，在控制下使用他們。

三劫

大臣劫持君主有三種，即明劫、事劫、刑劫。三劫對君主是很大的威脅，大臣專權而為自己謀利益，國家就沒公道。

大臣有大臣之尊，如果君權旁落，則使大臣有君主之尊。他把握國家的權勢，成爲決定所有事務的關口，沒有他點頭表態，事就不能行。自然形成順之者昌、逆之者亡的局面。這時候，君主只是一尊偶像，人們心目中眞正有的是獨攬大權的大臣，唯命是從，情願與不情願都得去做。

這是大臣劫持了君主，使國家貌似有君，實則無君；君主貌似有臣，實則無臣，露出了亡國的徵兆。

大臣劫持君主有三種，即明劫、事劫、刑劫。

明劫是大臣以俸祿養門客，不是爲君主服務，而是自我當頭，爲私而不爲公。事劫是大臣靠手腕得到君主寵愛，憑這專權，藉外在勢力威脅逼迫、戰勝君主，把禍福得失談得危言聳聽，以逢迎君主的好惡。君主聽從了，降低自己的身份，不惜國家財產來幫助他，事情辦糟了，他就和君主分擔責任，辦成了就自己獨享功勞，而他屬下的人衆口一詞地稱讚，有人提出批評，君主也不會相信。刑劫是大臣掌握監獄、刑罰，專斷專行。

三劫對君主是很大的威脅，大臣專權而爲自己謀利益，國家就沒公道。秦二世時期的丞相趙高，是典型的「三劫」之臣。他公然在朝廷上當著秦二世的面指鹿爲馬，以測試左右的人對他的態度，對於說那是鹿而不是馬的，暗暗施以刑法，群臣沒有不害怕他的。當反秦勢急，趙高憂慮秦二世對自己很惱火，派女婿閻樂去殺二世。秦二世震怒，呼喚左右的人，左右的人都戰戰兢兢不敢拚搏。閻樂走上前去，拿著劍數說二世驕恣暴虐，誅殺無道的罪過，說天下的人都背叛了他，勒令他自殺。秦二世想見趙高而不能，求爲一郡之王或爲萬戶侯，不允許。秦二世表示願意和妻子兒女去做普普通通的百姓，閻樂說：「我接受丞相的命令爲天下人來殺你，你說了這麼多，我不敢向丞相匯報。」說完，揮著劍就要動手，秦二世只好自殺了，秦王朝很快就滅亡了。臣劫君，國家就跟著遭殃了。

顯露了內心世界的禍患

君主不掩飾他的感情，把好惡鮮明地擺在臣子的面前，為臣子提供了侵犯君主的機會。

君主喜歡賢能，群臣就會修飾自己的行爲來滿足君主的慾望，那麼，群臣自己的感情就不會表現出來，以致君主和群臣沒有什麼區別了。這看起來很平常，群臣隨順、迎合君主是很自然的事情，有什麼不好的呢？君主也許還沾沾自喜，爲自己具有這樣的權威和能力感到高興。

於是出現一些君臣很協調的故事：

越王勾踐喜歡戰士勇敢，他的百姓不把死亡放在眼裡，衝鋒陷陣，赴湯蹈火。

齊桓公喜歡美味佳餚，感嘆沒有吃過人肉，易牙把自己兒子的腦袋蒸熟了奉獻給他吃。

凡此等等，對君主都存在一種假象，群臣隨順、迎合君主，不是出於對君主眞誠的愛而「同心同德」，其實有自己的野心，乘君主喜愛達到個人的目的。像易牙，藉此和奸臣豎刁、常之巫相勾結，當桓公病重的時候，他們聯合作亂，把宮門關閉起來，把城牆築得很高，不讓人進出，假託齊桓公的名義發布命令。有一位女人翻牆進了王宮，見到躺在床上的齊桓公。

齊桓公說：「我想吃東西。」這位女人說：「我弄不到食物。」

齊桓公又說：「我想喝水。」這位女人說：「我弄不到水。」

齊桓公很奇怪，詢問是什麼緣故。這位女人把易牙他們作亂的情形告訴他。

齊桓公流著眼淚，悲傷地感嘆當初沒有聽管仲的話。他死後，屍體放了三個月沒有入殮安葬，以致腐爛了，蛆蟲從裡面爬了出來。

齊桓公的悲劇，是君主把感情借給大臣的禍患。在大臣的內心，不一定是眞正地愛君主，而是貪圖利益才表現出愛君主。君主流露出他的厭惡，大臣就會隱瞞那些使君主厭惡的苗頭；君主流露他的愛好，大臣就會攻擊那些君主不愛好的才能。

君主不掩飾他的感情，把好惡鮮明地擺在臣子的面前，爲臣子提供了侵犯君主的機會。君主認識不清，會使這些人想爲非作歹一點也不困難，最終釀成悲劇，就像齊桓公那樣。

五壅

君主御臣，應深知五壅，立於不敗之地；放縱式的寵信，到頭來害的是自己。

君主有五壅。

一壅是大臣矇蔽了君主。大臣本來是君主的耳目、手足，君主遭矇蔽，視而不見，聽而不聞，自以爲清醒，實際上並不清醒，昏昏沉沉；自以爲大權在握，實際上名存實亡。君主在外人看來是君主，在大臣眼中是傀儡，被大臣當槍使。即使君主仍居其位，也是尸位素餐。

二壅是大臣控制財利。君權同時包括了財權，沒有財權，意味著喪失了經濟支柱，君權就坍塌了一半。控制財利，能收能放，原則上行國家之法，實施中體現君主的恩惠德澤。君主不能控制財利，就會失德，失去民心。

三壅是大臣擅自行使命令。大臣理應聽君主的命令，如果大臣自行其是，令由己出，君主對大臣就會失去了控制。這不是君主懦弱無能，就是君主主動放棄了權威。君主不行使命令或者是君主的命令不能實行，使大臣的權威超過了君主，君主就手足無措。

四壅是大臣行義。大臣並不是不能行義，他所行的義應該使百姓認爲是君主所行之義，讓君主獲得美名。之所以把大臣行義稱爲對君主的壅蔽，是因爲大臣背離君主而行義，他有善譽而君主背惡名。百姓擁護臣而不擁護君，君臣關係被顚倒了。

五壅是大臣勾結黨徒，建立私人的關係網。大臣有三親六眷、五朋四友，但不能利用權利有意識地把他們串通起來。否則，君主就失去了輔佐之臣。一個籬笆三個樁，一個好漢三個幫。君主身邊沒有一班貼心人，智窮計短，連手腳也不靈便。更不用說那份孤獨。相反地，臣子結黨則可營私，氣候形成，尾大不掉，君主也無可奈何。

君主御臣，應深知五蘊，立於不敗之地；放縱式的寵信，到頭來害的是自己。

走自己的路

現在的君主對於遊說之士的言論，喜歡論辯之詞而不問是不是妥當；任用這些人，只求美名而不管有沒有實際的成效。所以，天下的人一談論起來，追求說的話動不動聽，結果是不合時用。他們擠滿朝廷，滿口的先王之道，仁義之行，朝政不免混亂；行為上只在求名聲上下功夫，難以建立功業。智士只得把享有的官職、俸祿退還給君主，隱居在山林草澤之中。

——《韓非子·五蠹》語譯

路是人走出來的。在沒有路的地方闖開一條新路，也許前面有荊棘、陷阱，艱難重重，比不上走老路輕鬆、平坦，但也不能不走新路。

諸侯紛爭，你打我，我打你，兵刃相見，血雨腥風，用先王的仁義之道治國，你仁義，他不仁義，這國怎麼能治？

奸臣弄權，今天欺哄，明天行騙，貌似為國，暗中為己，君主寬厚，怎樣處置。用先王之道治國固然省事，省事不能治國，釀成禍患則更費事。

有名不失為美事，名不符實則是虛美。虛美無益，要在務實。

先王不可效法

先王的功德、治國的方法都是他們所處的特殊的社會環境和人自身的能力決定的，不可能轉移到現實社會來用。

人應該侍奉君主，贍養父母，這要人踏踏實實地去做，不能夠抱著無所謂的態度。無所謂，等於叫人不要侍奉君主，不要贍養父母，失去了做大臣、做兒女應盡的職責。談論忠信法術，也不能夠恍恍惚惚，讓人感到似是而非，以非而是，不知究竟如何才好。

以人應該侍奉君主，贍養父母爲原則，忠臣的行爲，決不是爭奪君位；孝子的行爲，也不是篡父之權。不僅如此，孝子或忠臣在言論上應該保持對父母或君主的尊敬。譬如說，做兒子常常稱讚別人的父親，說那人的父親起早貪黑，靠自己的體力生產財富，以養育子孫。這表面上沒有什麼，但仔細一想，說別人父親的好話，無形中批評了自己的父親沒能像別人的父親那樣去做。同樣的道理，做臣子的總是稱讚先王的道德深厚，希望當今的君主像先王那樣，不也是批評當今的君主道德不夠深厚嗎？

人們對這兩種類似的行爲採取了不同的態度，兒子批評父親，就說兒子不孝；大臣批評君主，都認爲他賢能，天下的事情也就辨不好。

其實，人應該把目光放在現實社會生活上，有什麼必要一味地稱讚先王呢？先王的功德、治國的方法都是他們所處的特殊的社會環境和人自身的能力決定的，不可能轉移到現實社會來用。眞正的忠臣應該盡力守法，專心侍奉君主。

把歷史的經驗引入現實，落腳點是現實。

愚蠢的宣傳

沒有經過查證、檢驗的事情就加以肯定，是愚蠢的表現；以沒有得到肯定的事情作為依據作出新的判斷，是一種欺騙的行為。

儒家、墨家是當世名聲很響的學派，孔子是儒家學派的聖人，墨子是墨家學派的始祖。孔子死了以後，儒家學派分爲八支；墨子死了以後，墨家學派分爲三支。這些支派，取捨不同，都認爲自己是得了孔子或墨子的眞傳，其他的是僞孔學或僞墨學。他們彼此爭辯不休，沒有誰是共同認定的眞正傳人，沒有誰自認爲是僞學。孔子、墨子死而不能復生，誰能夠斷定他們後學的眞僞呢？

孔子、墨子都稱道堯、舜，取捨也不同，同樣說得了堯、舜的眞傳。然而，堯、舜也是死而不能復生，又有誰能夠判定儒、墨兩家哪一家所傳的是眞正的堯、舜之道呢？

把時間算一算，從孔子、墨子所處的時代往上推，他們距離堯、舜至少有三千年，不說要堯、舜裁決儒、墨兩家的是非不可能，就連什麼是眞正的堯、舜之道也沒有文獻記載，那儒、墨兩家自稱所傳的堯、舜之道不過是影子的影子，不可能取信於人。

在這種情況下，儒、墨兩家對堯、舜之道的臆測會是眞實的嗎？

沒有經過查證、檢驗的事情就加以肯定，是愚蠢的表現；以沒有得到肯定的事情作爲依據作出新的判斷，是一種欺騙的行爲。所謂治國要效法先王，並且說所效法的先王是堯、舜，這不是宣揚者的愚蠢，就是他們有意識地騙人。賢明的君主一般不接受這種主張，是因爲不願被欺騙，使自己走在迂腐不切實際的治國道路上。

郢書燕說

效法先王，所謂的先王之道，不過是後人的穿鑿附會。

效法先王，不一定揣摩透了先王的思想和行爲，眞正地按先王的道路前進。這是很平常的道理。

楚國郢都有個人晚上給燕相國寫信，燭火不明亮。他對拿燭火的侍者說：「舉燭。」不知不覺把「舉燭」兩個字寫在信上了。燕相國看了信很高興，特別琢磨「舉燭」的含義。他心裡想：「舉燭，就是要蠟燭抬高，讓燭火明亮。這用在社會政治上，意味著推舉賢能的人而任用他們。」於是，燕相國把這個意思告訴燕王，燕王大喜，任用賢人使國家得到了治理。

「舉燭」並不是郢人的本意，而是他書寫的失誤。但是，燕相不知，作了完全不同的理解。

後人揣度先王的思想，未必不出現「郢書燕說」的情形，這樣，先人的一點思想會被後人無限擴大；同樣地，先人博大、深奧的思想也會被後人視作微乎其微。這在名義上是繼承先王的遺志，實際上背離了先王。那口口聲聲效法先王的人，力求把自己限制在所謂先王走過的道路上，在先王旗幟下實行的卻是自己的思想。後者不是絕對自主的，他沉陷在先王的模式中，根據它作的推導，使自己的思想和行爲都不能夠瀟灑自如。

完全相信書本還不如沒有本書。書上寫了「紳之束之」，研習的人就用帶子把自己的腰一層層地捆起來；書上說「既雕既琢，還歸其璞」，研習的人的一言一行老老實實地按這去做，只會授人笑柄。

效法先王，所謂的先王之道，不過是後人的穿鑿附會。

鄭人買履

人們應該注重現實生活，以自我爲起點，根據客觀環境和主觀情勢來確定自己的行為，立足於現實。

鄭國有個人想買雙鞋子，先在家裡自己把腳的尺寸量好，順手把這尺寸放在座位上，忘了帶它就到市集上去了。

他走進一家鞋店，已經把需要的鞋子拿在手上，猛然想起，量好的腳的尺寸沒有帶。於是，他急急忙忙地跑回家去取。

等他返回市集的時候，鞋店已經關門了。

有人問他：「你爲什麼不用腳試一試鞋呢？」他說：「我寧可相信量好的腳的尺寸，也不相信自己的腳。」

人們現在常用這則故事來諷刺做事呆板、教條的人。那買鞋的鄭人也沒好好想一想，他量好的腳的尺寸是以自己的腳爲依據的，他相信腳的尺寸，其實還是相信腳，何不直接相信腳呢？

韓非不是以這個故事博人一笑。

他把買鞋鄭人量好的腳的尺寸比喻爲先王之道，把「寧可相信尺寸，也不相信自己」的買鞋鄭人比喻爲現實生活中迷戀先王之道而不相信自己的人。他對這種人是很鄙視的。

人們應該注重現實生活，以自我爲起點，類似於鄭人不以腳試鞋的脫離實際的行爲，所帶來的只會是一無所獲。撲空的鄭人是很好的榜樣。

這說明一個道理，治理社會要從實際出發。用歷史的標準來衡量現實，是把現實拉進歷史，那是不可能的。

君主重要的還是相信自己，根據客觀環境和主觀情勢來確定自己的行爲，立足於現實。

不要學買鞋子的鄭國人。

遊戲終歸是遊戲

從實際做起，從現在做起，不要把自己套在前人的繩索裡，遠古那些不真實的傳頌。

人不依靠自己，總是依靠別人的幫助、恩賜，就容易產生怨恨的情緒。兒女小的時候，父母馬馬虎虎養育，兒女長大了會怨恨父母；兒女長大成人，對父母的供養微薄，父母會生氣地責怪兒女。因爲大家都希望得到別人的幫助，不在自己的工作崗位上努力工作，一旦希望未能實現，怨恨就自然產生了。

父母與兒女之間都是這樣，其他人之間就可想而知了。

地主給雇工吃精美的食物，選擇最好的布給他們做衣裳，並不是愛雇工。他這樣做了，雇工們感激他的恩德，田就耕得深，耘得熟。雇工耕耘，在田地上動腦筋把莊稼種好，也不是愛他們的老板，而是這樣可以得到精美的食物、上等的布匹。

這都是靠自己去做。凡事總要從實際來著眼。

小孩子在一起做遊戲，把灰土當飯，把泥漿當湯，把小樹枝當肉，但是，到了吃飯的時候，他們還是得回家吃飯。灰土、泥漿、樹枝，只能用來做遊戲，是不能夠當眞的。

從實際做起，從現在做起，不要把自己套在前人的繩索裡，遠古那些不眞實的傳頌。

變法易俗

不懂得治理國家的人一定會說：「不要改變古法，也不要改變現成的習俗。」對此，變與不變，聖人不太拘泥，只要能夠把國家治理好。古代的法制、現成的習俗變與不變，看它們適不適應社會需求。有一點很清楚，伊尹不變殷商之法，姜太公不改西周之俗，那商湯、周武王就不能統治天下。同樣的，管仲不變齊法，郭偃不改晉俗，齊桓公、晉文公就不能稱霸於諸侯。

大凡人們難以改變古代的法令制度，是擔心移風易俗使百姓不安寧。但不改變它，社會就會沿著混亂發展；順適民心，就會放縱奸邪橫行。百姓愚昧不知道社會混亂，君主懦弱而不能改變古法成俗，這是治理國家的失誤。君主賢明而能洞悉治理國家的道理，嚴厲施行，即使沒有順從民心，國家也一定會得到治理。

——《韓非子·南面》語譯

人都有惰性，不變古法成俗是君主的惰性。歷史上，沒有哪一個君主不變先君之法而能成就一番事業。

不變自然平靜，在怕變而引起騷動、驚擾中，蘊含著更劇烈的騷動、驚擾。甘願守一潭死水的人是少數，他們安於現狀是因爲現狀可以維持，但多數人不會如此，既然想進取，就得改變現狀，自然包括了改變法令和風俗。

社會不變，法令、風俗可以相對穩定。社會變了，法令、風俗也是要變的。

不能師古

立法向古人學習和不向古人學習，說的是治理國家的守舊與革新。守舊者依戀古人可以理解，祖宗成法使用起來駕輕就熟，穩當得多。但祖宗成法不可守，因為祖宗所處的社會環境、百姓素養和現實大不相同。

說遠一點，上古的社會，人民少而禽獸多，人民受不了禽獸蟲蛇的危害，於是有巢氏起來，率領百姓建築高高的木房子，以避免群害，衆人十分高興，推舉他為領袖，讓他統治天下。漸漸地，問題又來了，百姓一天到晚吃那些生食物，腥臊惡臭傷害了腸胃，疾病泛濫。燧人氏起來，鑽木取火，把人們吃生食的習慣改變為吃熟食，減少了疾病，大家都很高興，讓他統治天下。

社會的車輪繼續往前轉，到中古社會，天下洪水橫流，堯令鯀治水，鯀用強行堵塞的方法進行治理，歷時九年而洪水依然泛濫。舜即位後用禹治水，禹疏導洪水，消除了洪水的危害，天下重新太平安寧，禹繼位為帝。到近古社會，夏桀暴虐，湯興兵征伐；商紂淫亂凶殘，周武王滅商。

時代不同，社會生活有很大的差異。如果在夏鯀、夏禹的時候，還是搭木為巢、鑽木取火，帶頭人不僅不會被推為領袖，而且會被鯀、禹嗤笑；如果在商湯、周武王的時候，像鯀、禹那樣去做堵塞、疏導洪水的工作，也會被商湯、周武王嗤笑。因為情形完全變了，當初必須去做的工作現在或許沒有必要去做。當初有益，現在不一定有益了。

社會在發展，不管是誰來治理它，都得根據社會的具體情況確定對策，機械式地搬用前人的法規，社會只會暮氣沉沉。

社會不同，風俗不同

社會不同則風俗不同。物質的利益和權勢對人有很大的影響。社會不變，法令、風俗可以相對穩定，社會變了，法令風俗也是會變的。

譬如說，遠古的男人們不用辛辛苦苦地從事耕種，花草樹木的果實就足夠他們食用；女人們不用紡織，飛禽走獸的皮毛就足夠她們做衣穿。他們輕輕鬆鬆過日子，不用費力而生活物資富裕。這是因爲人口少而社會和自然的資源多，大家不需要你爭我奪，沒有厚賞和重罰，彼此和睦相處，太平無事。

現在不是這麼回事，國家社會的繁榮，產生了功利主義的社會。每個人必須適應這種緊湊快捷的步調，才能被這個社會接納、肯定。

朝廷加重賞罰也不行，重賞重罰，總不能叫人不活命，所以社會難以避免混亂。再說，堯治理天下的時候，住的是很普通的茅草房子，吃的是糙米菜湯，冬天寒冷，他穿的是野獸皮；夏天炎熱，穿的是葛布衣，堯的這種生活現在的看門人也不會比他差。禹治理天下的時候，爲作百姓的表率，親自拿著農具在田地裡幹活，把腿上的汗毛都磨光了，即使是現在的奴隸，也不像他那樣勞苦。

現在一個小小的縣令死了，他的後代子孫仍然享受他的待遇，出門乘坐車馬。這不是遠古的天子比得上的。所以遠古的天子可以輕易辭去他的地位，如今的人對一個小小的縣令也是戀戀不捨，不用說，是物質利益厚薄不同造成的。

物質利益和權勢對人有很大的影響。

住在高山上而到山谷挑水飲用的人，遇上祭神的節日，就把水作爲相互贈送的禮物；住在江湖邊上被水攪得不安寧的人，花錢請人來開鑿水道。人們遇上荒年，不謙讓食物，即使是兄弟之間也一樣；大豐收的時候，還請過路的客人吃飯。這裡的奥妙是物資豐不豐富。因此，遠古的人輕財是因爲生活物資多；現在人們爭名奪利不是卑鄙，而是因爲社會形態的趨向；輕易辭去天子不是高尙，而是權勢太小；爭先恐後地去做官不是低下，而是權勢太大。

社會不同，處事不同

一個時代有一個時代的特點，遠古以道德決勝負，中古以智謀定雌雄，如今以氣力分高下，怎麼能夠用同樣的行為、方式來處理呢？

相傳周文王在豐、鎬，也就是現在的陝西戶縣東和長安縣西南一帶，只有方圓百里的地盤，他施行仁義，西撫西戎，最後稱王天下。徐偃王在漢東占據有地方五百里，施行行義，割讓土地而朝拜他的有三十六個國家。楚王擔心他危害了楚國，發動軍隊攻打徐偃王，把他消滅了。

周文王施行仁義統治了天下，徐偃王施行仁義連自己的國家都保不住。類似的行爲有完全不同的結果，是仁義可以用於古代而不能用於現在。

韓非講這樣的故事不一定眞實，他主要說明社會不同，處事也不同，像徐偃王本來就不該因爲施行仁義，放鬆了對敵對國家的警惕，當他還沉浸在仁義中的時侯，災難已經降臨了。

這只是一個例子，古今不同的事情很多，賦稅、徭役、戰爭等等，涉及到朝廷，像君主權利，官吏制度都有不同，不能用同樣的行爲來處理不同的事情，應該根據客觀情況採取相應的變化。

舜在位時，有苗氏不馴服，禹要以武力征伐，舜不答應，說是君主的道德不深厚而用武力，不符合道義，於是，他修養道德，推行教化，三年後，拿著兵器跳舞，有苗氏就馴服了。共工之戰，兵器短的被敵人刺中，盔甲不堅固的身體就被砍傷，可見兵器適用於古代的共工之時，而不適用於後來的舜之時。

一個時代有一個時代的特點，遠古以道德決勝負，中古以智謀定雌雄，如今以氣力分高下，怎麼能夠用同樣的行爲、方式來處理呢？

守株待兔

守株待兔不可取，社會在發生變化，人們適應社會的變化，就該有相應的積極行為。

宋國有一個農夫，一天正在田地裡勞動，一隻兔子奔跑時，不小心撞在田地裡的樹樁上，脖子折斷而死去。這個農夫無意中得了一隻死兔子，高興得無心種田而守著這個樹樁，還希望得到兔子。偶然的事情不會經常發生，他不可能再撿到這樣死去的兔子，因此，宋國人都嘲笑他。

生活中也許有這樣的事，韓非講這個故事，是以守株待兔比喻墨守先王的成法，也就是說，用先王的法令制度來治理當今社會上的百姓的人，都像那守株待兔的農夫。

守株待兔不可取，墨守先王成法也是這樣，社會在發生變化，人們適應社會的變化，就該有相應的積極行為，執行先王的法令就會抹殺自己的創造性，陷於消極之中。

也許守先王成法偶爾有成功的地方，但治理國家，面對的是整個社會和全國百姓，不是依靠偶爾成功可以解決問題。結果弄成了以不變的法令應付萬變的社會，把萬變的社會放在不變的法令中，社會就僵化了。

君主要清醒地看到社會在變化的現實，從變化中尋找促進社會健康發展的方針，以變應變。否則，不能利國，也不能利民。

切不要以爲先王用他制訂的法令取得成功，自己沿用也會建立功業。在新的社會環境中，沉醉於先王之法，誤了國家、民衆，也誤了自己。

社會不同，法令也應不同。

務虛與務實

迂腐的學者不懂得社會治亂的道理，喋喋不休地訴說先古的經驗教訓，以擾亂當代社會。

他們的智慧不足以避免陷阱之難，卻妄自指責有術之士。聽從他們言論的危險，運用他們計謀的混亂，這也是大愚、大禍。

迂腐的學者和法術之士都有賢能的名聲，實際上相距很遠。把他們比一比，前者像蚍蜉的小土堆，後者則像崇山峻嶺。

——《韓非子·奸劫弒臣》語譯

言論要切合實際，不合實際的迂腐之論沒有什麼用處，這是通常的道理。統治一個國家不能夠沈浸在空談裡。沒聽說空談可以當飯吃，津津樂道前輩的經驗，是因為思想觀念陳舊，沒有想到時代不同，環境不同，人也不同。

社會現實是嚴峻的，要看到這種嚴峻。空談家的理想可以理解，哪個君主不願意和和睦睦治理社會，運用法術也是要達到這個目的。

無益之臣

和法術之士相比，有無益之臣，一種是俠客，一種是隱士，他們不怕重罰，也不貪厚賞，連賞罰都打動不了他們的心。

法術之道是霸王之道，君主掌握了法術，就像在陸地上行走乘坐快車好馬，在江河上行走駕駛輕舟快船，容易獲得成功。賢明的君主想得到法術之士成就事業，歷史上有不少這樣的例子，像湯得到伊尹而稱王，齊桓公得到管仲而稱霸。

和法術之士相比，有無益之臣，一種是俠客，像有忠心之名的豫讓在智伯手下，既不能勸智伯懂得法術以避免禍患，又不能率領衆人爲國家效力。到趙襄子殺了智伯，豫讓毀壞自己的容貌，呑炭故意把嗓子弄啞了，讓人們認不出他來，以刺殺趙襄子，爲智伯報仇。他雖然有殺身爲主子報仇的美名，但對智伯沒有一絲一毫的好處。一種是隱士，像孤竹君的兩個兒子伯夷、叔齊，不願做國君，隱居在首陽山，吃野菜過生活。最後沒有吃的，活活餓死了。他們不怕重罰，也不貪厚賞，連賞罰都打動不了他們的心，對社會有什麼用處呢？

君主常常讚賞他們，好像他們眞的有功於社會，其實是爲他們虛僞的節操所迷惑。他們眞要是忠心、純潔，就應該投身社會，幫助君主治國、平天下，不應該只圖自己的名聲。

讚賞甚至啓用他們，是君主用不務實的人求實，這好像是做一場夢，夢醒來，一切都是老樣子，或者不是老樣子。君主要想進取，還是得用法術之士。

俠客、隱士之外，儒生也是無益之臣。

經術禮義亂法

隱士無視國家法律，俠客以武力違反禁令，儒生則以經術禮義擾亂法律。

楚國有個叫直躬的人，正直不阿，他父親偷了別人的羊，直躬跑到衙門報告了。縣令卻下令把直躬處，死說直躬雖然忠於國君，但對父親是大不孝。就此而論，直躬是國君的忠臣，是父親的逆子。

魯國有個人跟隨國君作戰，三戰，三次敗逃。孔子問他是什麼原因，他說：「我家裡有個老父親，如果我戰死了，沒有人贍養他，他的晚年就沒有辦法過了。」孔子聽了很感動，推薦他去做官。這個人是父親的孝子，是君主的逆臣。

楚縣令殺了直躬，人們以他爲教訓，不再把奸邪的行爲上報給官府；孔子獎勵那敗逃的魯國人，魯國戰士打仗就容易失敗。這和君主的主張是相違背的。君主希望臣民忠順，揭發奸邪，建立軍功，儒生則和君主唱反調，像這兩則例子，就以儒家的孝道破壞了國家的法律。

君主對這種現象重視不夠，希望得到忠臣的輔佐，又推崇儒家的經術禮義，彼此矛盾。爲了安樂，百姓自然願意修行仁義禮節，像這樣穩穩當當地被君主信任，做官，拿俸祿，被人們尊敬，該是多美的事情。不過，在這樣的政治制度下，國家就會混亂一團。

獎賞殺敵的將士，給那些有攻城野戰功勞的人爵位和俸祿，並且製造堅固的鎧甲，把刀劍磨得很鋒利以防備戰亂，就不應該鼓勵慈愛、仁惠、廉潔以及誇耀儒生的服飾。要國家富強，靠的是農民和戰士，但實際上往往是對國家沒有用的人得了利，對國家有用的人無利可圖。就像國家太平時就供養儒生，困難當頭時就用戰士，這樣，從事實際工作的人就會懈怠，遊學的人一天天多起來。

虛浮的仁義之道

賢明的君主辦實事，不走虛浮的仁義之道。申明法度，說賞一定賞，該罰一定罰，才有益於治國。

信巫祝福的人喜歡說：祝你千秋萬歲，用時下的語言，則是壽比南山或者是萬壽無疆。它僅僅是表明人的一種良好祝福，一落到實處，即使是千秋萬歲的聲音不絕於耳，被祝福的人哪裡能夠增加一天壽命呢？所以，頭腦清醒的人看不起裝神弄鬼的人。

社會上的儒生遊說君主，扮演著裝神弄鬼的人的角色，他們不談當今治理國家的方法，而說前人曾經治理好國家的功勞；不考察官府法令的現狀和社會上奸邪的實情，口口聲聲稱讚上古先王流傳下來的美名及其成功。他們甚至說：「聽了我的話，可以稱霸於天下。」這和裝神弄鬼的人說的祝你活一千歲、一萬歲有什麼區別呢？

儒生重視用仁義來教育人，他們爲先王唱頌歌，根本上是歌頌仁義。但以仁義教育人，就像對別人說：「我一定使你聰明、長壽。」別人一聽就明白是假話，聰明是人的天賦，長壽取決於人的生命，不是他人的能力可以辦到的。

愛美之心，人皆有之。人們讚賞王嬙、西施的美貌，對人們自身的容貌並沒有幫助。只有用胭脂粉黛塗抹、修飾，才會比他（她）原來的容貌漂亮得多。

談論先王的仁義，對治理當今社會也沒有幫助。申明法度，說賞一定賞，該罰一定罰，才有益於治國。這像是國家的胭脂粉黛，用它來治國，才會使國家強盛起來。

賢明的君主辦實事，不走虛浮的仁義之道。

先王自己壞了法度

君主應把法度放在第一位，而不是把賢能的人置於法度之上。

如果眞講先王之道，人們不太清楚，正是因爲一些君主治理國家效法堯、舜、商湯、周武王之道，社會上才出現了叛臣、逆子。

堯、舜、商湯、周武王誰沒有違反君臣之義？堯本來是天子卻把天下讓給他的大臣舜，舜是大臣成了天子反而以他的君主堯爲大臣。商湯、周武王都反了他們的君主自立爲天子。天下的人稱讚他們，所以天下至今都得不到治理。

賢明的君主管理好他手下的大臣，賢德的大臣申請法度辦理事情，擁戴他們的君主。然而，堯自認爲賢明而不能養舜，舜自認爲賢德而不能擁戴堯，商湯、周武王自認爲有道義而殺了他們的君主。他們成了後代明君、賢臣的榜樣，難怪到現在，不斷有兒子篡奪父親的權利，有大臣篡奪君主的權利。

壞事就壞在父親把權利讓給兒子，君主把權利讓給大臣。

大臣侍奉君主，兒子侍奉父親，妻子侍奉丈夫，這三種關係順當天下就會太平，三種關係逆反天下就混亂，這是天下的一般法則，是賢明的君主、賢德的大臣都不能夠改變的。像這樣，即使君主沒有才能，大臣也不敢冒犯君主。

堯、舜、商湯、周武王的行爲，壞了天下的法度，沒有遵循治天下的一般法則，影響到現在的君主用人也沒有法則，田氏篡奪了齊國的政權，戴氏篡奪了宋國的政權，都是用了所謂賢能而有智慧的人，根本是因爲國家沒有法度。

君主應該把法度放在第一位，而不是把賢能的人置於法度之上。

賢能的大臣應該能夠治理混亂的國家，使卑微的君主受到尊敬。如果沒有法度，賢能的兒子不爲父親辦事，賢能的大臣不爲君主效勞，就會危害父親或君主。

法、術、勢

禍福生於法

古代顧全大局的人：像天無不覆蓋，像地無不運載，又像江海浩瀚，山谷高深。日月朗照。四時運行，德澤雲布，四方風動。

不以智慧累心，不以私慾累己；以法術保障社會的太平，以賞罰處理人事的是非，以權衡較量輕重。

不違背天理，不傷害性情；不吹毛求小疵，不洗垢求斑痕。不引繩之外，不推繩之內；不急法之外，不緩法之內；守成理，因自然；禍福生於道法，而不出於個人的好惡。

榮辱禍福，在於自己而不於別人。

所以最安寧的社會，法像清晨的露水那樣純潔普及，人們心不結怨，口不多言。

——《韓非子·大體》語譯

天覆地載，是君主的胸懷。

人有好惡，君主不以他人的好惡為自己的好惡，也不把自己的好惡強加給他人。是非總是有的，說糊塗是福，意在躲避現實，明哲保身，君主不能不論是非，以免造成以是爲非，以非爲是，不分青紅皀白。

不能依主觀意願和情感論是非，否則就是用智慧累心，用私慾累己。

治理社會，要的是法。禍福生於法，在於制法是不是妥當，執法是不是堅決。

前提：法深入人心。

法是國家乘坐的車船

法令就像一個國家乘坐的船和車子，沒有它，國家就會寸步難行。

君主要揣摩、權衡，求國家長治久安，沒有什麼比法令更為重要。

相傳，名醫扁鵲給人治病，曾經刮骨療疾。這對病人是很痛苦的事。但病人過不了這一關就有性命危險，忍了小痛，保全了性命，這忍痛就有很大的價值。

逆耳的忠言，就像刮骨療疾一樣，聽起來心裡有點不舒服，對國家有長遠的好處。

病人諱疾忌醫，使扁鵲無用武之地；君主不接受批評，掩飾自己的過錯，使忠言沒有表達的可能。君主表面上滿可無所謂，實際上害的是自己，也許還會危害整個國家。

君主要揣摩、權衡，求國家長治久安，沒有什麼比法令更爲重要。

法令就像一個國家乘坐的船和車子，沒有它，國家就會寸步難行。荀子曾經說過，人要善於藉助外物的力量，藉助車馬的力量，牠的腳走得不快而能達到千里；藉助船槳的控制，他不會游泳而能橫渡江河。君主藉助法令，成就名聲建立功勞，國家也會加速走向興旺發達。

法令有這麼大的作用，君主需要它，就像人飢餓了求食，寒冷了求衣一樣自然，那麼，百姓會眞心誠意地服從。否則，君主只爲自我貪得，以永遠塡不滿的慾壑要求臣民奉獻，把臣民搞得一無所有，他們必然會像君主一樣輕視法令。

輕視法令，不是法令得不到正確的制訂，就是有正確的法令也不能很好地執行，那麼國家前進的步伐會緩慢，甚至停滯。

立法三章

賢明君主的治國之道可以說是忠實於法之道，立法而執法，既以法治國，又以法自我檢查，使法切切實實是一把尺，衡量、糾正人們超越法度的言行。

法也不是隨便確立，賢明的君主立法有三條原則：一是賞賜足以鼓勵人們向善，二是威嚴足以戰勝強暴，三是設施足以使社會完美。

人心向善是人性的一種表現。它在社會生活中是可以改變的，蓬草生在筆直的麻桿中，不扶它也會長得很直；白沙在黑泥巴裡，就會和黑泥巴一樣黑。向善的人心有時也會向惡，君主當然不能聽任這種變化，而要促動人們不斷地向善。賞賜是一種辦法，但賞賜要和人們向善的行爲相吻合。如果浴血奮戰、有攻城殺敵之功的人，得到的只是輕飄飄的口頭表揚，冷了人的心，使人不想立功了。

法也要有威嚴，它不僅針對地位卑賤的弱者，而且對一切強暴者具有權威性。不然的話，法就會受到凌辱，不成爲法了。這不是要特別地處置誰，而是要使法眞正具有高於一切的約束力，所有的人都在它之下，都以它爲行爲準則。

立法的設施使社會完善，包括了社會體制、行業結構、福利待遇等相當多的問題，涉及的面最廣，同時，內含了對君主自我的制約。既然如此，此君主就不能隨意妄爲。君主的言行都從使社會完美這一點出發，也就不會只圖個人的享樂了。

伏虎於匣

法制約著所有的人，在根本上不是要束縛品行端正的人，這些人言行本身，是立法的基礎，有了法，會自覺地守法。

猛虎在深山，在所有的野獸中稱王稱霸，一入牢籠就會搖尾行乞求同情，不論它的本性是不是眞的改變了，都不能不屈服於現實。爲虎設籠不是爲了防備老鼠，而是要讓虎入牢籠，使那些害怕老虎的人能夠制伏它。

立法就有這樣的意義。

法制約著所有的人，在根本上不是要束縛品行端正的人，這些人言行本身，是立法的基礎，有了法，會自覺地守法。法主要是制約奸邪的人。如果不以法禁止奸邪，恐怕堯、舜再生也是無可奈何的。

有了法就不同了，不僅賢明的君主可以禁止奸邪，而且，平庸的君主也管得住奸邪的人，使奸邪的人就像猛虎被囚在籠子裡一樣。

法是嚴肅的，運用它，使賢人盡其才，強暴之徒不爲非作歹；使強不得侵弱，衆不得暴寡。譬如把千金放在神射手羿的射程之內，再凶狠的盜賊也是不敢去拿的。有法的限制，人人守本分，君臣就相安無事了。

依法，君主不會有怒睜雙目、咬牙切齒之患，大臣也不會有扼著手腕、氣憤地感嘆之禍，社會呈現出祥和的氣象。

以法禁止奸邪終究是一項艱鉅的工作，法的威猛要勝過奸邪者的威猛，執法的嚴厲要使奸邪者無縫可鑽，靠狡詐也賴不過去，才能眞正地禁止奸邪。

法，是一張疏而不漏的網。

破舊立新

法令必須隨著時代和社會的變化而發生變化。改革舊法，並依據現實社會制訂新法，以求社會的發展、國家的富強，以及百姓的安居樂業。

人的性情好逸惡勞，任其發展，會使社會陷於混亂得不到治理。君主治國，必須改變人的這種性情，但不能停留在口頭上，靠的是法的力量。

遠古，人們純樸，可以以順應自然或仁義爲法。現在的百姓聰明，想爲所欲爲，不聽君主的指揮。社會的進化，不但是時代不同，君主不同，而且是時代不同，君主治理對象的素質也不相同。相應地，君主所用的法令也不同。

遠古的君主當然不可能運用現實君主的法令，現實君主卻有運用遠古君主法令的便利。但社會畢竟不同了，如果現實社會的君主想用法治理好他的國家，而不改變前代君主的舊法令，社會就不可能實現太平。

治理國家、百姓沒有一成不變的法則，但有一條，法令必須隨著時代和社會的變化而發生變化。墨守成規固然省力，實際上把變動不居的社會視爲僵化的、一成不變的社會，使治理社會彷彿是機械性的行爲。這樣的君主毫無疑問跟不上時代的步伐，會犯這樣或那樣的錯誤，國家和人民隨之遭罪。

賢明的君主認識到這一點，注意改革舊法，並依據現實社會制訂新法，以求社會的發展、國家的富強以及百姓的安居樂業。即使廢舊法立新法有阻力和風險，也在所不顧。因爲不破舊立新，國家和人民都沒有什麼希望。

不破不立，破才能立。

執法

沒有哪一個國家會永遠保持強盛，也沒有哪一個國家總是處於衰弱的狀態。執法的官吏剛正不阿，國家就強盛；執法的官吏柔弱營私，國家就衰弱。當今社會，官吏能夠不扭曲法度為自己謀利益，就百姓安寧，國家太平；能夠拋棄個人的行為而執行國家法令，就軍隊強大，敵人弱小。

把明察得失，謹守法度的人置於群臣之上，那麼，奸臣就不可能以詐偽來欺騙君主。讓明察得失、善於權衡輕重的人治理遠方的事務，那麼，奸臣就不可能以天下的大小事欺騙君主。

——《韓非子·有度》語譯

社會不斷運轉變化，國家興盛衰敗的現象總是存在。任何一個君主都想保持國家的強盛，不僅是自己這一代，而且是子孫萬代。

國家在運動變化中長盛不衰的途徑是執行法令。

法令是國家根本，沒有規矩不成方圓，沒有法令不成國家。所以人們喜歡說家有家規，國有國法。

有法可以不行，有令可以不遵，執法者是關鍵，是曲是直，都在於他。君主應該以國家利益爲重，用秉性正直、公道的人執法，使法剛正不阿。

沒有這樣的人或者沒有任用這樣的人，君主有可能被矇蔽，以假爲眞，以虛爲實，國家興盛的話會走向衰弱；如果國家本來就衰弱，將會更衰弱；君主的日子就不好過了。

法不可釋

凡事都有一個根本，治國要以法爲根本。

凡事都有一個規則，法是治國的規則。

一般說規圓矩方，鏡明衡平，也就是用它們來規範生活中相應的行爲，以免左右搖擺，叫人無所適從。以法治國是同樣的道理。

把規、矩左右搖擺，圓的就不能圓，方的就不能方；把鏡子、稱桿上下晃動，可以看清楚的也看不清楚，能夠平衡的也不平衡。法關係到國家、民衆，要穩定並不能放棄。

把法扔在一邊單用人的智巧，奸臣就要矇蔽君主賣官職賣爵位。國家的官職爵位，說多可以無窮，東設一個，西設一個，從君主那裡拿來，賣給別人，奸臣既得了錢財，又積蓄了威勢。人們哪還能盡心侍奉君主，只想巴結這些有權的大臣。

這不是孤立的，巴結奸臣的人圖的還是利。他們以錢財賄賂奸臣使自己得到任用，一旦得到任用就爲自己搜刮錢財。這樣一來，爲國家建功立業的人就少了。相應地，奸臣要保全自己和奸邪行爲，會以狡詐、欺騙求得君主長久不衰的親信，又喜歡談論那些稀奇古怪的事物嘩衆取寵，君主被迷惑了，賢臣也受到侵害。因此，君主必須立法，不讓奸臣以個人的智慧、機巧歪曲法紀，使賢者盡其賢，忠臣盡其忠，君主自己也有了賢明的名聲。

以法擇人

賢明的君主以法選擇人才，所選擇的人，應該堅定不移地執法。

以法選擇人才，君主要能夠自我決斷，不能任大臣們想怎麼辦就怎麼辦，想用誰就用誰，把法拋到九霄雲外。它也限制了君主不能隨便地用人，想讓誰做官就讓誰做官。

如果不以法選擇人才，聽到他人的讚譽，就輕信被讚譽的人一定有才能，給他做官，那麼，大臣會背離君主而相互勾結。

如果不以法選擇人才，讓和自己關係親近、意見一致的人任職，那麼，百姓就會努力從事交往而不遵守國法。

這樣可就糟了，官吏可能沒有應當具備的才能，不能夠輔佐君主建功立業，治國安民。更加嚴重的是，人們從君主這些行爲領悟了做官的竅門，把讚譽視爲賞賜，把批評視爲處罰。於是，喜歡賞賜、厭惡處罰的人就會放棄國家法令，勾結起來爲自己謀利益。即使是你在君主面前稱讚我，我在君主面前表揚你，這也很不錯，讚譽可以得到官職，相互讚譽就成了進入政界的捷徑。

君主就慘了。

大臣們在心底把君主擺在一邊，彼此交往，飲宴、郊遊、玩樂、清談，聯絡感情，交往越多，感情越深，都是朋友，都是幫手。哪怕有了過失，也沒有什麼關係，掩護、包庇的人多的是，不用擔心過不了關。

爲君主的人、爲君主的地方就很少了。

眞正的忠臣會沒有罪過，但被誣陷而死；奸臣沒有功勞而能坐享利益。

於是，品性好、有才能的人會隱居起來，犯不著爲君主白丟了性命；奸臣則蜂擁入朝廷，爭權奪利。

像這樣，君主屬下的大臣多了，多有什麼用，他們都盤算自己，絲毫不考慮君主和國家。表面上君主還是很有氣派，一呼百應，車水馬龍；實際上，他只有君主的虛名，與其說君主自立於國，不如說君主寄託在群臣之家，不過是君主自己沒有感受到。君主不以法選擇人才，是自掘陷阱。

行法效應

行法與不行法，效應不同。立法本來是著眼於長遠利益的，執法就不能顧及短期效應。

俗話說：「家有常業，雖饑不餓；國有常法，雖危不亡。」家無常業，國無常法，是很危險的。假如君主要捨棄基本的國法，按個人的意願辦事，那麼，大臣就會用自己的聰明才智來掩飾奸邪的行爲，國法就名存實亡了。

君臣都姿意妄爲，正確的治國之道就沒有立足之地，像這樣下去，君臣自己也是在走一條毀滅之道。正確的治國之道是法治之道。

行法與不行法，效應不同。

魏國立法之後，有功必賞，有罪必罰，匡扶天下，威行四鄰；法令鬆弛以後，有功無功，賞賜隨便給，國家一天天削弱。這種情形不單是魏國。

趙國也有相類似的情形。國家法律嚴明，戰爭興起的時候，人多兵強，把齊國、燕國的一部分土地也攻占爲己有；法律鬆弛，執政者懦弱，國家也衰微了。

法律嚴明國家才會強大，否則，國家就會削弱以致滅亡。實行法治直接關係到國家的興亡，任何一個君主都希望國家興盛、強大，君主的腰桿子也硬得多，走出來堂堂正正。但不是每一個君主都能在立法、以法治國上下功夫。或者是一個時期重法，一個時期又不把法當一回事了。

立法本來是著眼於長遠利益的，執法就不能顧及短期效應，像魏國、趙國，不以法治貫穿始終，國家還是沒有希望。

私心公義

治國，秉公行事，國富民強；謀取私利，國弱民貧，公私的劃分依靠法，法明則公私分明。

司馬遷曾說自己抱著「戴盆不能望天」的想法，一心報效漢武帝和國家，不顧自己的家庭，是典型的公而忘私。但公與私總會存在，任何一個君主都會面對著它們。

公與私有一個界限，不能夠混爲一談。君臣公與私的含義不完全相同，像令行禁止，代表了國家利益，是君主之公，大臣隨之而行，就是爲公。君主不用賞罰，鼓勵或者批評大臣的朋友之交，也就是爲私。公與私的界限要看是爲國家還是爲自己，前者是公，後者是私。

治國，秉公行事，國富民強；謀取私利，國弱民貧，歷史上朝代、國家的興衰都和爲公還是爲私有關係。

大臣理應修身潔行，居官無私。不過，他們心性和行爲的公與私，和君主有很大的關係，君主昏庸，大臣也就拋棄公義行己私心，君不像君，臣不像臣；君主賢明，大臣則施行公義而捨去私心。這既是人能盡其才，忠臣想有所作爲能有所作爲，滿足了意願，不專心爲自己；又是君主好像一面明亮的鏡子，奸臣想爲自己也不可能。

公私的劃分依靠法，法明則公私分明。有了法，難辦的公事也能辦了。像大臣，一般誰也不願意損害身體，對國家有利，必須對自己無害才行。他們往往能夠竭忠盡智，臨難不懼，赴湯蹈火，捨身爲公，都是法的作用。

用賞賜鼓勵爲公，用刑罰禁止爲私，使公私分明，是賢明君主應該做到的。

無法之弊

君主放棄法令而用大臣來防備大臣，那麼，大臣之間關係親密的就彼此稱譽，相互憎恨的就結成幫派彼此攻擊，在這種情況下，君主就迷惑不清了。大臣，沒有名譽恭敬就無法進取，不違法專制就沒有威嚴，不假裝忠誠老實就不能為所欲為。這三條是使君主昏庸、法令敗壞的根源。

君主要使大臣有聰明才智而不違法專制；對於有賢德行為的人，不在他還沒有建立功勞的時候預先賞賜他；即使是忠誠老實的人違法也不放鬆法令，該制裁還是制裁。總之是要申明法令。

——《韓非子·南面》語譯

君主治臣是自然的，用臣來治臣未嘗不可。韓非認爲不然。不能用臣治臣，因爲人際關係、人的感情複雜，用臣治臣有這樣的弊端：他們有可能利用相互監督、管理，結成黨派，挑起事端，把個人之間的恩怨發展成爲黨之間的恩怨，並在執法中營私舞弊，形成這種局面君主就難以控制大臣了。

以臣治臣還是人治。

治國用法，君主治臣也該用法，不任意摻雜個人的感情因素；臣有法可循，就不敢隨便違法。大臣依法行事，井井有條，君主的賢明就不用說了。

心治

用心治國與用法術治國是相對的。君主應該懂得用心治國的弊病。不然，用個人的智慧不用法術會禍國殃民。

「心治」是君主憑主觀意願治國。周厲王用嚴刑制止人民對朝政的批評，是典型的心治。晉靈公加重賦稅，用賦稅所得油漆城牆，也是在憑心治國。

用心治國的君主在治國的時侯，自以爲能治，其實，所治只是一時，是在他權勢顯赫，沒有人有力量戰勝他，沒有人能夠取代他的時侯，一旦對手的時機成熟，他的位子就坐不穩了。

這關係到君主的治國能力，君主自信或自卑都會導致以心治國，危及君主自身，因爲以心治國主觀隨意，君主的歡樂和悲愁影響治理國家的方針和政策，人們隨著君主的心思和行爲而左右，結果無所適從。

用心治國必然會放棄法術，把法術的有條不紊弄成治國的雜亂無章。國家沒有統一的部署，缺少長計劃、短安排，使百姓沒有一致的步伐，國家就不像一個國家。打個比方，放棄法術以心治國，就像木匠放棄了規矩，圓與方都靠自己目測估計，這樣，再高明的工匠也做不成器具。放棄法術以心治國，再高明的君主也是治不好國家的。

笨拙的工匠使用規矩，衡量尺寸萬無一失。只有一般才能的君主謹守法術治國，也可以做到萬無一失，耗費了氣力可以建立功業。這不是用心治國能夠辦到的。君主應該懂得用心治國的弊病。不然，用個人的智慧不用法術會禍國殃民。

巧匠失了規矩

手藝高超的木匠心目中有繩墨，一定是先以規矩爲度。沒有規矩，方圓不能精確，手藝難以工巧。

賢明的君主任用有才能的人，不使沒有才能的人徒居高位。並選拔有功的人，斥退無事生非者。

讓君主監察所有的官吏，君主夜以繼日，日以繼夜，精疲力盡也達不到目的。君主用眼睛看吧，官吏把君主能看到的地方裝飾起來，醜的可以光彩照人，壞的能夠精美絕倫；君主用耳朵聽吧，官吏把君主能聽到的聲音裝飾起來，批評成了表揚，怨恨成了歌頌；君主用思想吧，官吏把君主所想的問題用繁瑣華麗的文辭表現出來，迷惑住君主。

所以，先王認爲君主用自己的眼睛、耳朵、思想有欠缺，於是，把自己的才智用在制定法令上，以法治臣，省力多了。

君主守法，把天下控制在自己的掌心，聰明睿智的人不敢欺詐，陰險狡猾的人不能行奸，奸臣邪士沒有依託。即使他們遠在千里之外，也不敢心口不一，對君主說假話；在朝廷中有勢力，也不敢掩飾別人的好品行來遮蓋自己的過錯。

大臣侵犯君主，君主不知不覺，一天天，一月月，時間長了，君主失勢，東南西北改變了方向自己都不知道。這是無法的弊端。

手藝高超的木匠心目中有繩墨，一定是先以規矩爲度。沒有規矩，方圓不能精確，手藝難以工巧。君主沒有法度就像手藝高超的木匠失去了規矩，不能治臣，也談不上治國。君主制訂治國之法的同時，要制訂治臣之法。大臣執行治國之法，還要謹守大臣應守之法。

有了法度，賢明的君主駕御群臣，不使群臣的思想、行爲超出法度，也不在法度之內隨便給他們好處。是與非，可與不可，都以法度來權衡，不以人情扭曲法度，致使是非顛倒，不可成爲可。這樣，群臣就不會另生事端，也不會發生大臣侵犯君主這類事情。

尊嚴、權威化解了

法令，必須保持它的神聖、莊嚴，法令嚴明可以使社會的混亂得到治理，正確與錯誤得到決斷。

還是以木匠打比方。

木匠的繩墨筆直，才便於把樹木彎曲的地方砍去，使它也筆筆直直。

同樣的道理：

用來丈量的標尺很平，便於把高低不平的東西削平；

用稱稱出輕重，減少重的一部分，增加輕的一部分，使輕重平衡；

用斗石，斗大石小，減少多的一部分，增加少的一部分，使斗石一樣滿。

法令就要像繩墨、像標尺、像稱、像斗石，直則直、平則平、重則重、輕則輕、多則多、少則少，一點都不含糊。

以法治國，認法不認人。依人執法，法沒有棱角，沒有鋒芒，隨人而動，地位高的法寬鬆，地位低的法嚴格，法好像沒有喪失本色，其實已經喪失了本色。治國該直的不能直，當平的不能平，意在治國，國並不能治。

法令不屈從高官貴族，像木匠的繩墨不彎曲一樣；也不因爲貧窮孤弱，犯了法而寬容。法令，必須保持它的神聖，莊嚴，一是一，二是二。

施行法令，讓犯了法的聰明人也不能夠推託，使犯了法的勇敢者不敢爭鬥。處罰過失不迴避大臣，賞賜善行不遺漏普通百姓。一句話，有功必賞，有過必罰。

法令嚴明，可以糾正君主的過失，追究大臣奸邪的行爲，使社會的混亂得到治理，正確與錯誤得到決斷。

法令嚴明，君主的尊嚴、權威就不受侵犯。君主始終都很有力量，把握權力，外界想動搖也不能動搖。

君主放棄法令，只講究個人感情，憑主觀意願待人處事，尊嚴消失了，權威化解了，君與臣的界線慢慢就不存在了。本該有的等級也沒有了。繼續發展，有一天，也許臣變成了君，君變成了臣。

官吏權重

官吏的權勢太重，根本上是因為無法。他們的行為沒有任何的法令制約，能夠依仗權勢為所欲為，也就可以把他們擁有的權勢弄得更大，更重。

沒有法令，君主昏暗不明，與官吏們依仗權勢形成惡性循環，官吏更加擅自作爲，爲個人聚富而橫征暴斂，使財富日益豐厚。

事情不會就這樣完結，這些人權勢重而富有，會成爲社會禍亂的根源。因爲他們永遠不會滿足已有的權勢和財富，要謀取更大的權勢，發展下去，會窺視君主的地位，也許有篡權的那一天。同時，更加瘋狂地掠奪財富，欺詐百姓，使民不聊生，社會失去了安寧。

賢明君主的治國之道，因能授官，論功行賞。大臣的言論合法，君主就高興，這對大臣有利，對君主也有利；言論不當，君主發脾氣，對君臣雙方都有害。那麼，大臣們就不會對自己的父親、兄弟有什麼偏私，也不會對他們的仇人懷什麼怨恨，甚至推薦他們做官。

君主以權勢行法，用俸祿辦事，官吏不懷私心，百姓也不用太勞苦，也沒有官吏依權勢作威作福。百姓看重官爵和俸祿，國家就得到了治理。

法與術

人有十天不吃飯就會餓死，在冰天雪地不穿衣服就會凍死。衣食是人生活的必需品，缺一不可。對於治理國家，申不害的術，商鞅的法也是缺一不可。

術，是君主掌握的，它根據人們的才能授予他們官職，依循名義要求他們做出實際的功績。君主手中有它，就是操著生殺的大權，並能考察群臣的才能。

法，是朝廷的法令，行賞施罰，要人民清楚地認識它。謹慎守法者可以得到獎賞，而擾亂法令的就會受到懲處。法，是群臣的行為準則。

君主沒有術，會受群臣的矇蔽；群臣沒有法，會引起混亂。所以，法和術都是帝王治理國家的工具，少了其中一樣都是不行的。

——《韓非子·定法》語譯

法術一體，術中有法，法中有術。君主離不開法術，主要是法術具有治理國家和臣民的功能。

它們對於君主像吃飯、穿衣一樣重要，不是聳人聽聞，虛張聲勢。無法，臣民言行沒有準則，一切隨意的話，整個國家都亂了法。無術，君主也掌握不了臣民。走路靠兩腿，行船憑雙槳。君主治國，法術像他走路的兩腿，行船的雙槳。

以權術輔法令

治理國家，應該確立一種原則，就是在使用法令的同時使用權術，這二者是不宜分離的。

歷史上享有天下的君主，統治地大物博的國家，沒有不重法的。他們施法嚴明，令行禁止，國治民安。這是和法令符合人的性情及治理國家的規律相聯繫的。

君主治國安民，防止奸邪是很重要的一條，施法嚴明之外，有必要參用權術。用權術約束人，減少犯罪。譬如說，爲防止奸邪，君主可以要群臣相互窺視，察人奸邪。沒有發現別人奸邪的，和有奸邪的人同罪。既然大家有可能因爲沒有察覺或告發犯罪的人而犯罪，那麼，大家在情理上不得不按君主要求的去做，唯恐自己不能倖免。衆目睽睽之下，有奸邪之心的人就不能夠得逞。

這只是一例。它說明了一個道理，治理國家，應該確立一種原則，就是在使用法令的同時使用權術，這二者是不宜分離的。用法嚴明的君主在用權術還是用人的智慧上，都選擇權術。

君主只用人的智慧，容易遭到所用之人的攻擊，難以防禦外寇的入侵；用權術就不同了，這可以控制所用的人，並使國家太平。自然，沒有法令，權術寸步難行。

申、商之憾

為官在上者既要制定法，使手下一班人有法可依循；又要有權術，能夠駕御手下的一班人，不宜偏用。

要治理好國家或者天下，法與術是二位一體的，只用術不用法，或者只用法不用術，都不合適。

申不害是研究君主權術的專家，他輔佐韓昭侯。當時，晉國剛剛分裂成三個國家，韓是其一。晉的舊法沒有廢除，韓的新法就產生了。以前君主的成命沒有收回，新的君主又在號令全國。群臣吏民，唯利是圖，行舊法有利就行舊法，行新法有利就行新法，利用新法和舊法、新令和舊令之間的矛盾，爲自己服務。

申不害懂得權術而不擅於行使法令，不把國家的法令統一起來，一味地勸韓昭侯弄權術，但是，仍然不能禁止奸臣的活動，韓有強大的國力也未能稱霸天下。究其原因，就是用權術而不用法。

商鞅為秦孝公治理秦國，實行一人犯法，株連數家；賞厚而誠信，罰重而堅決等一系列法治政策，百姓勤勞，戰士英勇，國家富裕，軍隊強大。但是，他不善於用權術，不知道用權術來禁止奸邪，國家的富強反倒幫助了一些奸臣。秦孝公和商鞅死了以後，秦國好幾代君主用商鞅的法富國強兵，秦國確實也是不斷強大。但是，君主不用權術，大臣打了勝仗就封官賞地，君主仍然不能禁止奸邪，甚至還不知道大臣行奸。在商鞅的法令之下，奸臣活動如故。所以，幾十年來，秦國不能統一天下，秦國的君主只能夠做一做帝王夢，很難把這個夢變成生活的眞實。

治國或治天下如此，治單位、治公司何嘗不是這樣。為官在上者既要制訂法，使手下一班人有法可依循；又要有權術，能夠駕御手下的一班人，不宜偏用。

斬首者爲醫匠

法與術分開使用，彼此都不靈活，所做的事看起來符合法或者符合術，但和君主的整體利益不一致，並且有可能讓人做出違背情理的事情來。

法與術對於治理國家不能偏廢，退一步，君主用申不害的權術，大臣執行商鞅的法令，這該可以吧？

不行，權術和法令不能分離，把它們分離開，二者不能協調，又怎麼能夠治理國家。

譬如申不害說：各級官吏處理政務，都只能夠謹守自己的職責，不能夠超越權限。對於自己權限外的事，即使知道也是不作聲的。按照他的這種理論，各級官吏安於本分是對的。但是官吏們對本職之外的事知而不言就不對了。君主只有一人，憑他個人的能力去從事一切工作，哪裡治得好國家。他要用全國人的眼睛來看，才使自己的眼睛比誰的都亮；要用全國人的耳朵來聽，他的耳朵才會最靈。像申不害說的官吏們對超越職權的事知而不言，那君主還依靠什麼呢？

像商鞅的法吧，它有一條規定：砍了一個敵人的腦袋升官一級，享受五十石糧食的俸祿；砍了兩個敵人的腦袋升官兩級，享受一百石糧食的俸祿。官職的升遷和殺敵的功勞相稱。如果現在的法令說：砍了敵人腦袋的人，讓他們擔任醫生或者工匠，那麼，病人醫治不好，房屋也建不成。醫生配藥，工匠手巧，如果要有殺敵功勞的人來做醫生、工匠做的事情，那麼，和他們的能力不相符合。話說回來，做官靠的是智慧和才能，殺敵靠的是勇氣和力量。用勇氣和力量去從事需要智慧和才能從事的官吏職業，就好像要有殺敵功勞的人去做醫生或者工匠，那怎麼做得成呢？

法與術分開使用，彼此都不靈活，所做的事看起來符合法或者符合術，但和君主的整體利益不一致，並且有可能讓人做出違背情理的事情來。這是君主應該警惕的。

權術之下，臣不可叛

大臣忠君，是君主所希望的，有一班人忠心耿耿地為他服務，會發圖强才會成為可能。然而，臣忠不是君主統治大臣的理想境界，君主應該使臣不得不忠。

晉文公做公子時遭難，流亡國外，箕鄭作爲負責他飲食的隨從，拎著酒飯緊跟。一次他們迷失了道路，箕鄭和晉公子失散了。箕鄭餓著肚皮，拎著酒飯在路邊哭泣，傷心不知道晉公子走到什麼地方去了，再餓也不吃手上的酒飯。

晉公子回國後，做了國君，一次攻克了原地，要任命一個管轄原地的官吏，想起了忠誠的箕鄭，認爲他管轄原地，就不會出現反叛的事。於是，晉文公任命他爲原地的最高長官。

大夫渾軒聽說了這件事，批評晉文公這樣做是不知權術，僅僅以箕鄭饑餓時不吃文公的酒飯，就依靠他忠誠地爲君主管轄原地。

賢明的君主，不依賴大臣們不背叛，而依賴自己的力量使大臣不可能背叛；

不依賴大臣不欺騙，而依賴自己不可能受騙。說到底，就是要運用權術，用權術讓大臣覺得君主有無法抗拒的力量，自覺或者不自覺地在君主的控制之下，這和單純依靠大臣們的忠誠比較起來，要好得多。因為主動權在君主身上，而不在大臣身上。

相傳，陽虎說他自己遇上賢明的君主就全心全意地為君主服務，如果君主無才無德，就玩弄奸邪試探他。他的遭遇不算很好，先在魯國被驅逐，隨後在齊國遭到懷疑，不得不離開齊國。他逃到趙國，趙簡主歡迎他，並任命他為國相。趙簡主身邊的人說：「陽虎善於竊取君主的政權，你為什麼還要任命為他為國相呢？」趙簡主說：「陽虎想得到政權，我想守住政權。」他以權術控制陽虎，陽虎不敢胡亂來，侍奉趙簡主，使趙國強大起來。

君主使用權術控制大臣和不用權術控制大臣是很不一樣的。

法術是帝王的璞玉

君主識璞玉是那麼艱難，要識法術更難。璞玉眼睛看得見，手摸得著；法術看不見，摸不著。

和氏璧有一則動人的故事。

相傳楚人和氏在楚山得到一塊璞玉，高興地把它獻給楚厲王。玉匠一看，說這不是玉而是石塊。厲王認爲和氏行騙，把他的左腳砍去作爲處罰。厲王死後，武王即位，和氏又把這塊璞玉獻給武王。武王也要玉匠來鑑別眞僞，玉匠又說是石塊，武王一怒之下，按先王的方法處置，砍去和氏的右腳。武王死後，文王即位，和氏抱著璞玉在楚山下痛哭了三天三夜，淚流乾了，血接著往下淌。文王聽說了，派人去問他說：「天下被砍去腳的人多得很，你爲什麼哭得這麼傷心呢？」和氏說：「我並不是傷心腳被砍去，而是傷心分明是寶玉卻被說成是石塊，忠臣被說成是騙子。」文王就派人治這塊璞玉，果然得到稀世珍寶，取名叫

「和氏璧」。

法術是君主的璞玉。君主識璞玉是那麼艱難，要識法術更難。璞玉眼睛看得見，手摸得著；法術看不見，摸不著。要把法術變成踏實的行為得冒風險，可能成功，也可能失敗。不像璞玉，即使君主認為它不美，對君主也沒有什麼害處。

璧玉珠寶是君主喜愛而夢寐以求的，對法術不一定有這種感情。這增加了君主認識法術的困難。不過，法術確實是國家之寶，君主之寶，君主用法術，大臣就不敢獨斷專行，君主身邊的親信不敢仗勢欺人，流浪的百姓重新回去耕田種地，俠客在戰場上衝鋒陷陣。

這樣，法術之士因為改變了整個社會的生活習慣而會遭到群臣、衆人的仇視，使得運用法術多了幾重障礙。如果君主不具慧眼，獨排衆議，法術之士怕是死無葬身之地，法術自然不能施行。

聖人執要

天有大道理，人也有大道理。香甜清脆的佳餚，醇厚濃郁的美酒，享受起來太舒服了，但影響身體的健康。皮膚細嫩、牙齒潔白的美妙女郎，使人看了就喜歡、著迷，但損害人的精神。所以，要捨棄那些超過人承受能力的行為，對身體就沒有什麼害處了。

君主的權力不能有意去顯示，而要蘊含在平和、平靜、看起來無所作為的狀態中。

事務在四方臣民，關鍵在中央朝廷。君主把握權力，四方臣民都會自覺前來貢獻。君主靜靜地等待他們，他們自然會效力。

——《韓非子·揚權》語譯

凡事有一個法則，日中則移、月盈則虧是法則。美酒佳餚利於口而不利於身，美女佳人利於情而不利於神，也是法則。

君主執政的法則，是集權力於一身，牢牢掌握，又要表現得沉靜、泰然，讓人可以感受卻難以捉摸，無時無處不在君主的統攝之中。

於是，君主爲了獨攬大權，應該去掉在政治生活中過份的行爲，就像喜歡佳餚而不讓它們傷害身體，喜歡女色而不讓她們傷害精神。

自然，這也是法則。

操弓不弛

有一句俗話：困難像彈簧，你弱它就强。可以用這來比喻君臣關係，君弱臣就强。而君總是和最高權力聯繫在一起的，因此，君主的權力不能放鬆。

君主放鬆了他的權力，奸臣乘機崛起，和君主勢均力敵，麻煩也就來了。他們會仗恃自己的力量和君主明爭暗鬥，巴望獲得更多的利益。實際上要把屬於君主的利益分割過來。君主既然和他們勢力相當，自然不會輕易讓步，想方設法削弱他們，保持自己的地位。

君鬥臣、臣鬥君，鬧得個面和心不合，鬧得個水火不相容。

豺狼在羊圈裡，羊就不會多。奸臣在朝廷裡，忠臣就不會多。在這種情況下，不是忠臣不想盡忠，而是忠臣無法盡忠。奸臣排擠、打擊，甚至像豺狼吃羊一樣吞噬忠臣，忠臣不逃走就只有死路一條。

百姓也遭了殃。國家名義上是一個君主，實際是兩個君主，就像一個家庭，夫妻同時組織家庭，你持一套，我持一見，兒子該聽誰的、按誰的主張辦事呢？百姓面對兩個政見不一的君主，會連手腳都不知道該怎麼放。聽了這個的，得罪了那個；相反也一樣，結果沒有什麼事情可以辦成。

君主必須集權，就像拿著弓箭，時刻都不放鬆。

剪枝

君主像一棵大樹的樹幹，群臣像大樹的枝條。人們一般形容樹的美麗，喜歡說枝繁葉茂，對於君主來說，「枝」不可太繁，群臣的威勢不能太多太重。枝大傻幹，臣重犯君，二者是一樣的道理。

不用說，像種樹剪枝一樣，君主應該經常「剪枝」，不要使「樹枝」在四周長滿了。否則，群臣彼此勾結串連、相互抬舉，威勢就強大了。

群臣的威勢強大，削弱了國家、君主的威勢，他們爲所欲爲，假公濟私，君主在矇蔽中睡大覺，以爲無災無患，殊不知災患隨時都會發生。所以，君主必須「剪枝」。西漢文帝、景帝、武帝削弱諸侯的力量，縮小諸侯王的權力，把一些權力收歸中央統一管理，就是「剪枝」。群臣的威勢削弱了，他們的黨羽就不會增加，勢力不會滋長。否則，將會威脅到君主的權勢和地位。像樹的枝粗幹細，即使是樹枝在溫柔的春風吹蕩下輕輕搖曳，都會損害樹幹，危及樹心。

君主削弱群臣的威勢，也包括削弱那些小老婆所生的兒子的權勢，從長遠考慮，這些人結成朋黨，勢力長成，侵犯太子，時間長了，就會侵犯君主。

君主既然享有絕對的、至高無上的權勢，就應該運用它並保護它，堅決果斷地剝奪那些危及君權的大臣的權勢。如果明明知道群臣的威勢太重，猶疑不定，遲遲不採取削弱的措施，聽任發展，那麼，既是群臣削弱了君主，又是君主自己削弱了自己。

保持清醒的頭腦，做君主敢做的事，做君主能做的事，不要使「樹枝」太茂盛。

名正物定

名正物定，要害在權。君主通過名稱，就從事物本身來推理，使名實相符，那麼，大臣對君主就忠實無欺了。

孔子講正名，名不正則言不順，言不順則事不成，事不成則禮樂不興，禮樂不興則刑罰不中，刑罰不中則百姓的手腳都不知道怎麼放。這一系列行爲，名爲首，不可忽視。

韓非也講正名，他說治理國家應該把事物的名稱放在第一位，確定了名稱，事物才會端正；名稱歪斜了，事物就會隨之改變。

事物都有自身適宜的地方，有才能的人自有他的用處。事物得到適宜的位置，有才能的人才能得到施展，君主就安然無事了。

需要看到，君主身爲君主，大臣身爲大臣，各得其宜。君臣的位置不能變。而且，君臣的才能不能換用。

君主去做大臣的工作，大臣把握君主的權利，國家就得不到治理。打個不恰當的比方：要公雞捉老鼠，要貓代替公雞報曉，用的不是各自的長處，事情不會成功。

再說，君主顯示才能，去做本來是大臣所做的事情，君主既難以承受那種勞苦，又使大臣暗行其奸，君主反而被動了。

聖明的君主沉穩地把握政權，讓事物的名稱自己產生，讓事物自己確定。對於大臣，根據他們的才能任用他們，然後放手讓他們去做，不加干涉。大臣就會忠於職守，自覺地處事，並把事情辦好。

君主通過名稱來掌握事物，萬一沒有名稱，就從事物本身來推理，使名實相符，那麼，大臣對君主就忠實無欺了。

名正物定，要害在權。

權勢不能借人

韓非說有一樣東西不能借人，即權勢。

人們生活中免不了會缺點什麼，彼此借用的事常有，有時人都可以借。現在還有這樣的事，這單位缺個人，找那單位借個人來用用，用完了再送他回去。

韓非說有一樣東西不能借人，即權勢。

說個笑話：燕國有位叫李季的人喜歡遠遊，他妻子在家與某公子私通。一天，李季突然回來，把那私通的男子堵在家裡了。妻子毫無防備，焦慮萬分。小老婆獻計說：「讓公子光著身子，蓬頭散髮，直衝衝地出門，我們都裝著沒有看見。」於是，某公子這樣出了門。李季見了，問他是誰，妻子和小老婆都說並沒有看到人。李季以爲是自己見到了鬼，按照風俗，用牲畜的屎來洗澡驅邪。

李季的愚昧很可笑，沒有鬼而認爲有鬼，把自己弄得髒兮兮的。像這樣可悲主要是他把家庭的權勢借給了妻子和小老婆，使自己被她們矇蔽、戲耍。

一國之君好像一家之主，君主把權勢借給大臣也會被大臣矇蔽、戲耍。

楚襄王的大臣州侯，得寵而專斷。襄王起了疑心，問左右的人，說州侯是不是這個樣子。左右的人一致說不是，這叫襄王也沒有辦法。

彌子瑕輔佐衛靈公，在衛國專權，人們眼裡只有彌子瑕，而沒有衛靈公。長此下去，君主沒有威嚴，忠臣離心離德，遭殃的是國家，就是君主也不能夠倖免於難。到那時侯，也許像李季一樣被矇在鼓裡，自取禍患。

徭役多，君權削

水可以把船浮起來，也可以把船弄翻，君主是船，百姓是水，君主不能看不起百姓。失去了百姓這個根基，君主就不成為君主。

西周厲王暴虐，以刑戮強行禁止百姓批評朝政，最後被百姓推翻，流放到一個叫做彘（今山西霍縣境內）的地方。這是以自己的暴虐顛覆了自己。

徭役也要注意，本來國家有些公益的事情要百姓做是正常的，但徭役太多就苦了百姓，會引起連鎖反應。最直接的是百姓受苦，奸臣的權勢會興起，奸臣權勢興起就有文章好做。百姓想免傜役可以，拿錢來，有錢好說話，無錢口莫開，如此接連不斷地免下去，有權勢的人腰包就會鼓鼓脹脹，苦了百姓富了這些有權力的人。加上君主又把權勢給大臣使用，從長遠來說，有百害而無一利。

君主要想百姓安居樂業，必須減少傜役，自然而然奸臣的權勢被削弱了，特別是藉傜役興起的權勢。同時，按照道理可以用法禁奸，使想藉權勢收受賄賂的人懾於法，但這些人又是行法的嚴重障礙。比方說，法能禁奸就像水能勝火，在特殊的環境下水卻不能勝火。把水放在鐵鍋裡，火在鍋下熊熊燃燒，慢慢地水會完全被熬乾，哪裡談得上勝火呢？

古往今來，觸犯法律而成爲大奸巨賊的，沒有不從做有權有勢、有錢有財的大臣開始。他們憑藉已有的條件，貪婪地攫取權勢、錢財。不是沒有法令、刑罰，但這主要是用於卑賤的普通百姓，這些人相互勾結，暗地友好，表面則顯得鐵面無私，互爲耳目，一心矇蔽君主，使君主有名無實。君主不能夠輕易以權勢讓人，在法律不能實行的情況，得了權勢的奸臣總是有可乘之機的。

飛龍乘雲，騰蛇遊霧

慎到說：「飛龍乘雲，騰蛇遊霧，雲罷霧霽，龍、蛇失去了它們的憑藉物，就和蚯蚓、螞蟻差不多了。有德有才的人屈服於無德無才的人，是因為有德有才的人權輕位卑，無德無才的人權重位尊的緣故。如果堯是匹夫，三個人都管不了；桀做天子，卻能攪亂天下：從這裡可以知道人的權勢可以依賴，而賢能智慧不值得羨慕。弓柔弱而箭飛得很高，是憑藉了風的力量；自身無德無才而法令能夠實行，是眾人的幫助。堯是百姓時，教育大家，無人聽從。他登帝位統治天下，令行禁止。可見，賢能智慧不足以服眾，權勢足以使賢者屈服。」

——《韓非子．難勢》語譯

萬物都有所憑藉，有憑藉和無憑藉不一樣，莊稼不憑藉土壤就不能夠生長，雲彩不憑藉天空就不能夠升騰。

人也有所憑藉，衣食住行，哪一樣能離開外物。身爲君主，統治一國或天下，除了憑藉自己的德行、才能之外，還需憑藉權勢。

權勢大於人的德行和才能。

君主沒有權勢，有德行和才能也形同普通百姓。

小草蔽青松

把一尺長的小樹種在高山上，下臨千仞的山谷，不是樹長，而是它處的位置很高。是地勢造成的。

西晉左思有一首《詠史》詩，其中幾句是這樣寫的：「郁郁澗底松，離離山上苗。以彼徑寸莖，蔭此百尺條。世冑躡高位，英俊沈下僚。地勢使之然，由來非一朝。」意思是山上的小草，能夠遮蓋山谷下高百尺的青松，是地勢造成的。

世家子弟享高官，有才能但出身卑賤的人屈居下位，是門第造成的。左思藉此感嘆人生，涉及到「勢」的思想，是源於韓非的。

韓非早就說：把一尺長的小樹種在高山上，下臨千仞的山谷，不是樹長，而是它處的位置很高。千鈞重的東西放在船上就浮在水面上，錙銖直接放在水裡就會沉沒，不是千鈞輕而錙銖重，是有勢與無勢的區別。

夏桀做天子，統治天下，不是他這個人有德有才，而是位高勢重。如果堯是匹夫，連三戶人家也管不了，不是他無才，而是地位卑賤，不可能去管別人。

有才而無勢，即使是賢人也不能夠制約不德不才的人。無才而有勢，不德不才的人可以制約賢人。

君主的勢不是自身造成的，沒有天下臣民齊心協力地支撐，他就是世襲的君主，最終也會成爲普通的百姓，甚至落得更慘的結局。

天下百姓一心擁戴君主，大臣們各盡所長忠心耿耿，君主的勢才能形成，行使權力也容易落到實處。

自然之勢

勢有自然之勢，人為之勢。自然之勢，不是人可以左右。順應自然之勢，社會的治亂取決於得勢的人。

韓非重勢，在儒家、墨家人士看來，不應重勢，而應重才。就說飛龍乘雲，騰蛇遊霧吧，它們有雲霧之勢而能乘遊，是由於龍、蛇的才美。蚯蚓、螞蟻的才不美，所以有濃雲厚霧也不能遊。

人不用賢德就不能治天下，夏桀、商紂有天子之威，天下仍然大亂的原因就是他們的素養太差。如果他們有堯的賢德，情況就絕然不同了。那將不是天下大亂，而天下大治。

勢，不能只讓有賢德的人用，無賢德的人不用。前者用之天下大治，後者用之天下大亂。而天下賢德的人少，無賢德的人多，講究勢，天下就得不到治理。而且，無賢德的人有了勢，會養虎狼之心而成暴亂之事。

韓非不這樣看。

治理國家或者天下，本來用勢與用賢是統一的，如果二者只能夠選擇一種的話，就應該選擇勢。而勢並不是一個人能設立的。勢有自然之勢，人爲之勢。

堯、舜爲天下，即使有十個夏桀、商紂也不能攪亂，是勢的穩定；夏桀、商紂爲天子，即使有十個堯、舜也不能治天下，是勢的混亂。勢表面看來是地位和尊嚴，實際上是以臣民作基礎的，沒有臣民在下，孤寡一人，哪裡還談得上什麼勢呢？自然之勢，穩定就穩定，混亂就混亂，不是人可以左右。順應自然之勢，社會的治亂取決於得勢的人。賢人得勢，治國安民，不賢者無可奈何；不賢的人得勢，國貧民疲，賢人想治天下也是此路不通。

人爲之勢

人為之勢是以法為勢力。以法為勢，使平庸的君主已有的權勢變得充實起來，不但自身的行為不會紊亂，也為臣民提供了行為的依據，不致於各行其事，為所欲為，引起社會的混亂。

人爲之勢是以法爲勢。

社會要等待堯、舜這樣的人來治理是很難的。這樣的人物上千代才出現一個，而治理社會的大多是只具有一般才能的人。他們上不及堯、舜那樣賢能，下不像桀、紂那樣荒淫暴虐。他們不能沒有勢，無勢就不能號令天下，統治國家。這除了自然之勢外，還必須以法爲勢。君主堅持法依靠勢就可以治理社會，違背法拋棄勢社會就混亂，這已是普遍的規律。

君主如果拋棄權勢，背離法度，等待堯、舜來治理，結果是千代混亂而一代太平；如果堅持法依靠勢，情況就不同了，就是等到桀、紂出現攪亂天下時，天下已經有了千代的太平。這二者的距離實在是太遠了。

以法爲勢，使平庸的君主已有的權勢變得充實起來，不但自身的行爲不會紊亂，也爲臣民提供了行爲的依據，不致於各行其事，爲所欲爲，引起社會的混亂。

不用法勢，靜待賢能人出現以治理天下，就像饑餓的人一百天不吃飯非要等著吃好米肥肉一樣，那時，人都餓死了，再好的米、再肥的肉還有什麼用呢？王良善於駕馬車，車馬到他手裡，跑得特別快。但是，王良是古代的人，他不能死而復生，現在的車馬要等他來駕御的話，車馬只有乾放著，想用也不能用。

君主治理國家、治理天下，不用法勢而等待賢能的人出現，那就錯了。

不以慈愛代權勢

不能以慈愛沖淡權勢，更不能以慈愛取代權勢，如果那樣做，就會逐漸地失去君主的威嚴，左右不了百姓，百姓的生活行為會放縱起來。

秦昭襄王病了，百姓殺牛祭神，求神保祐他早日康復。昭襄王病好了以後，百姓又殺牛報答神。

郎中閻遏、公孫衍見了這種情形，很奇怪不是祭神的時侯，百姓為什麼殺牛祭神呢？一問，才知道其中的緣故。

閻遏、公孫衍很高興，見了昭襄王就祝賀他的賢德超過了堯、舜，說是堯、舜的時侯，百姓沒有為他們求神祈禱，現在大王病了，百姓殺牛為你祈禱；病好了，又殺牛感謝神，這不是你的賢德超過了堯、舜嗎？

昭襄王聽了，並不高興，派人去調查，看是哪個鄉的人做的，並責令這個鄉派兩個人去當兵。

閻遏、公孫衍感到慚愧，當時不敢多說。過了幾個月，一次趁昭襄王喝酒得痛快，就問他爲什麼要這樣做。

昭襄王說：「百姓爲我所用，並不是因爲我愛他們，而是因爲我有權勢。如果我放棄權勢而以慈愛對待百姓，並接受百姓對我的愛，那麼，就影響到我對百姓的愛，百姓不爲我所用了。」

昭襄王對君主權勢這樣淸醒的認識，是看到了權勢的巨大作用和對百姓的深刻影響，不能以慈愛沖淡權勢，更不能以慈愛取代權勢，如果那樣做，就會逐漸地失去君主的威嚴，左右不了百姓，百姓的生活行爲會放縱起來。

威勢

君主身危國亡的原因是大臣太尊貴，左右的人太威風。

所謂尊貴，是目無法紀擅自行動，操縱國家的大權謀取私利；所謂威風，是依權勢隨意決定人事。對這二者，君主不能不察。

馬能夠托負重物、拉著車子到遥遠的地方，是憑藉牠的筋力。擁有上萬輛或上千輛兵車的國君，能夠控制天下、征服諸侯，憑藉的是威勢。

威勢，是君主的筋力。現在大臣得威，左右擅勢，那君主就失去了筋力。像這樣的君主能夠享有國家的，千無一人。

——《韓非子·人主》語譯

每個人的承受力都有限，君主也是一樣。譬如樹的枝葉太繁茂了會傷害樹幹，人的脂肪太多會傷害筋骨，君主身邊的大臣太顯貴，太有威勢，則是君主承受不了的，韓非說的「身危國亡」是把君主承受不了的後果推到極點。

君主不能不防備大臣過於顯貴和享有威勢，在這些方面削弱大臣是君主能夠做到的，重要的是君主要保持自己的威勢。君主威勢很強的話，大臣的威勢就不可能強。相反，不是君主的威勢很弱，就是君主不具有威勢。

不具有威勢的君主不算眞正的君主，他無法行使自己的權力，不得不放任大臣的行爲；縱容他們以法謀私，仗勢欺人，這樣，君主就被架空了。

君主，應該是威勢的象徵。

君主的威嚴

君主的威嚴通過權勢、法紀來建立。仁義如水，人愛而多溺。法令如火，人畏而不傷。

君主的威嚴通過權勢、法紀來建立。但百姓喜歡講道義，行仁慈，如果君主也像這樣，那麼，他的威嚴就有一部分融化在道義和仁慈裡，無形中被削弱了，國家的法紀也受到損害。

法紀不能不施行，因爲有它，百姓才敬畏君主。君主要是放鬆法紀，降低自己的權勢謙遜地對待百姓，百姓就會放縱自己的行爲，違反法紀，並以輕視君主爲榮耀，君主的威嚴怎麼會不被削弱呢？

百姓以法難以遵守而冒犯君主，君主又以法瑣碎峻刻而行仁義，百姓照此辦理，免不了賄賂公行，法紀也就被毀壞了。

這兩種情形使君主進退兩難，然而，君主應當自負其責，他看輕了權勢地位，行仁慈而不行法，亂了國家的章程，也亂了自己的陣腳。

賢明的君主不這樣做，規定大臣不得私行仁義以求名聲，不得以對自己家庭有利的事作爲功勞。名聲和功勞，都必須根據法令產生，法令之外，大臣辦了難辦的事情，也不享有名聲和功勞。從這裡來看，關鍵是法令，賞賜名號，實施賞罰，大臣的行爲尊君，百姓建立功勞就對君主有好處，國家就昌盛了。

仁義如水，人愛而多溺。法令如火，人畏而不傷。

權勢勝仁義

說仁義不能治國，許多人不能接受，還是推行仁義。臣民服從的是君主的權勢，很少有人抱著仁慈不放。

他們說君臣如父子，國家就可以得到治理，好像父子之間沒有不和睦的。然而，父母親疼愛兒子，兒子不一定孝順父母親，人的性情有誰能夠在慈愛這一點上超過父母愛兒子的呢？君主即使傾注了對臣民所有的愛，臣民也不一定不作亂。

儒家和墨家學派的人說先王兼愛天下，視臣民如兒女，就是眞的如此，還是有臣民犯法，先王不得不施用刑法。對罪犯行刑之際，先王不禁流淚，這是他內心仁慈的表現。儘管這樣，他還是用刑，不因爲流淚軟了心腸，說明仁慈並不能夠治理國家。

臣民服從的是君主的權勢，很少有人抱著仁慈不放。孔子是天下的聖人，修行明道，周遊列國，天下傾服他的仁義，爲他效力的弟子有七十餘人。孔子和魯哀公同時，魯哀公不過是才能平庸的君主，以權勢統治一國，臣民誰敢不服，連孔子也俯首稱臣。孔子不是感懷魯哀公的仁義，而是屈服於魯哀公的權勢。

如果講仁義，孔子該爲國君而哀公爲大臣；如果講權勢，哀公爲國君而孔子爲大臣。實際的情形是哀公統治孔子，權勢勝過仁義是很明顯。

現在的學者往往勸說國家君主施行仁義，說行仁義就可以統一天下，不談君主怎樣運用權勢，這怎麼能夠使君主取得成功呢？

民聽於威

行仁義無害，容易使人放縱；觸犯刑罰有害，則使人收斂自己的行為。

上述說得太直接了，每個人親身也會有是行權勢優越還是行仁義優越的體會。譬如說有搗蛋的兒子，不學無術，扯是拉非，盜竊毆鬥，父母生氣，大發雷霆，責令悔改，兒子無動於衷；鄰居勸導，批評，他置若罔聞；老師教誨，希望他改邪歸正，他不為所動。父母、鄰居、老師三種人的作用都不能使他有一絲一毫的轉變，但官吏率領衙役，依權勢執行法令，捉拿奸人，這個搗蛋的兒子必然恐懼，改變他的節操和行為，成為一個善良的人。

父母對兒子的憐愛不足以把他教育成人，這是父母的責任，同時也是因為人受寵愛性格和行為會驕縱，到他已經驕縱，行為放蕩，就不是以愛可以教育糾正的，只有用權勢、威嚴治理。人沒有不戀生而討厭死的，當他的行為危及自己的生命，他就會收斂或放棄自己的行為，生命比貪圖一時的利益、滿足一時的高興還是重要得多，只有國家的刑罰才有這樣的力量。

幾丈高的城牆，善攀登的人也翻不過去；幾百丈高的山，跛腳的牧羊人卻能夠在那裡放牧，因爲城牆陡峭，高山舒緩平坦。同樣的道理，嚴刑峻法，觸犯的人就少；法令太寬鬆，觸犯的人就多。

人們趨利避害，爲了一、兩丈布，平凡的人會爭奪得不肯放手；把二千兩金子放在熔爐裡，就是大強盜也不會用手去拿，主要看有害還是無害。

行仁義無害，容易使人放縱；觸犯刑罰有害，則使人收斂自己的行爲。

君主之患在於無勢

一個國家，君主像是鼓槌，大臣像是鼓，技能像車子，事情像駿馬。彼此協調一致，才能把國家推向前進。

君主除了權勢之外，他人的扶助也是一種勢。

君主做孤家寡人當然不好，用一個巴掌拍，動作再快也沒有聲音。君主再聖明，沒有人響應，必然是一事無成。

君臣有同樣的慾望，是大臣的福份，也是君主的福份，一個籬笆三個樁，一個好漢三個幫，君主沒有幾個左右膀也不行。

劉邦奪取天下，沒有蕭何、張良、陳平這些左右手就難以成功。當初，蕭何月夜追韓信，來不及向劉邦報告，有人報告說蕭何逃走了，劉邦若失左右手。

既爲左右手，手得應心，心裡想到的，手就會去做。如果心裡想的是一回事，手上做的是另外一回事，那什麼也弄不成。一個國家，君主像是鼓槌，大臣像是鼓，技能像車子，事情像駿馬。彼此協調一致，才能把國家推向前進。

君主應該乘勢，古代成就功名的人都得了衆人的幫助，周圍的人支持，遠方的人稱譽，君主藉助這些，就會享有很大的功勞，長期立足於國家，獲得像日月高懸一樣的名聲，流傳於天地之間。堯、舜得天下並且享有美名的原因在這裡。

一個巴掌拍不響，君主不乘勢能有多大的能耐，即使是有堯、舜那樣的德行，有伯夷那樣的廉潔行爲，沒有勢或不乘勢，也就不能建立功勞、成就名譽。

君主之患在於無勢。

刑賞

刑德二柄

賢明的君主領導他的群臣，使用兩個權柄：刑與德。什麼叫刑？斬殺叫刑。什麼是德？賞賜是德。大臣害怕砍頭而喜歡賞賜，君主使用斬殺和賞賜，群臣就會害怕君主的威嚴而貪圖賞賜的利益。

社會上的奸臣不是這樣，他們對於所憎恨的人，能夠竊取君主的權力來處罰他；對於所喜愛的人，能夠竊取君主的權力來賞賜他。

現在的君主如果不使自己掌握賞罰的權力，聽任大臣按照他們的愛憎來施行賞罰，那麼，全國的人都害怕大臣而瞧不起君主了，歸於大臣的門下而離開他們的君主。這是君主失去刑、德兩個權柄的禍患。

——《韓非子·二柄》語譯

恩威並用是治國的傳統，治臣也一樣。所謂刑、德，是恩威的代名詞。人心好德而惡刑，是人生存的本能。君主雖然不必有意迎合大臣的這種心理，但不能不想到怎樣利用它。

君主不用德就不能收服大臣的心，在君臣之間，刻板地運用權力，不是治臣的萬能藥方。人有情，君主用德就是在情感上籠絡大臣，使他們感恩戴德而願意赴湯蹈火。然而，君主不用刑罰就管不住大臣。大臣應該守規矩，盡職責，但他們違反規矩，喪失職責的現象經常會發生。君主不對這些進行懲處，大臣就不知警戒，互相仿效，亂了朝綱。

德不可少，刑不可缺，二者配合使用，又各把握一定的分寸。大臣知道君主的恩德和威嚴，遇事才知道應當做還是不應當做。

君主別讓臣子借用或篡奪了施德用刑的權力，以免自己成爲權力的偶像，眞正的君主是擁有德、刑權力的大臣。

刑、德二柄，不可掉以輕心。老虎有爪牙才能制伏狗，老虎沒有爪牙，將被狗制伏。刑、德是君主的爪牙。

喪失刑德的悲哀

刑與德是君主之道而不是大臣之道，不能把君主之道變成大臣之道。

君主放棄施恩德、用刑罰的權力，而使大臣使用它們，情況就很不妙了。

齊景公和晏子在少海遊玩，兩人登上柏寢的高台，回頭看國家都城，齊景公欣然感嘆：「眞美啊，這樣壯大，輝煌，後代誰將享有它呢？」

晏子回答道：「大概是田成氏吧。」

齊景公說：「我統治這個國家，而你爲什麼說田成氏將享有它呢？」

晏子說：「田成氏很得人心，他向君主請求官職俸祿然後給群臣，用大量斗把糧食借出去而用小量斗收回來。殺一條牛，自己只取一點點，棉布、絲綢自己也只用兩套，其餘的都送給門客。您收取賦稅，田成氏大量施捨，齊國曾經遇到饑荒，餓死了不少人，老百姓都投奔了田成氏。田成氏的恩德使老百姓爲他載歌載舞，民德所向，所以說以後享有齊國的是田成氏。」

齊景公聽了，不禁流下了傷心的淚水。

這是田成氏有德而齊景公失德。這種情形延續到齊簡公，簡公被田成氏殺死。田成氏執掌了齊國。

還有君主失刑的故事。

宋國有個大臣叫子罕。一天，子罕對宋國的國君說：「封官賞賜一類的事，是老百姓所喜歡的，您親自辦吧。殺戮刑罰一類的事，是老百姓所厭惡的，請讓我來辦吧。」

宋國國君一聽，這個主意不錯，自己可以得到善良的名聲，而不會被老百姓指責爲凶狠殘暴，於是答應了。

宋國國君行德，子罕行刑，子罕有了君主的威嚴。時間長了，宋國國君遭到子罕劫持。

在當今的社會上，大臣如果兼有刑德二權並使用它們，那麼，君主的危害就比齊簡公、宋國國君大得多了。君主喪失了刑德二權，而不危亡的，從來就沒有過。刑與德是君主之道而不是大臣之道，不能把君主之道變成大臣之道。

刑與德又不可分離，一在君之手，一在臣之手，使君主失去了控制，大臣爲所欲爲，終究演成君主的悲劇。

行罰是爲了愛

君主治國，不放縱自己的慾望，在根本上下功夫，目的是利於百姓。他實施刑罰和賞賜，就是根本之一。

君主的賞賜是愛百姓的表現，使用刑罰，也不是討厭百姓，而是以愛百姓爲本的。它們都有一個度，賞賜太濫會滋生奸邪，愛百姓反而害了百姓；刑罰太輕會使百姓不把刑罰放在眼裡，明爲愛，實爲害。

治理國家的人，把嚴刑置於政治方略的首位，是以百姓的性情爲依據的。一般地，百姓喜歡賞賜而不願被處罰，也沒有遠大的理想。賞濫易亂吧，他們不管那麼多，眼前還是希望多賞賜，因此不願遵循國家的法律。

賢明的君主明賞以鼓勵百姓建功立業，使國家的事務得到辦理；嚴刑促使百姓遵守法律，使奸邪不會產生。

治理百姓，要治他們的心，用嚴刑禁止奸邪，是治百姓之心的手段。有了這一條，君主即使獎勵告發奸邪的人，但他們沒有奸邪可以告發，社會自然太平。

國家的強大依靠的是政治制度，君主享有尊嚴，憑藉的是手中權利。身爲君主，賢明也好，昏庸也好，都有這兩條。他們治理國家的效果不一樣，主要是具體的措施有所不同。賢明的君主重權利、法治，把嚴刑視爲對百姓的愛護。

仁惠易亡

施行仁義慈愛，得到美好的名聲，對一般人可以，對君主萬萬不行。照此下去，不是國家無法，就是國家有法也被君主擾亂了。

魏惠王問卜皮：「你聽說了我怎樣的名聲？」卜皮回答：「我聽說的是仁義慈愛。」

魏惠王很高興地又問：「像這樣會建立怎樣的功業？」卜皮迎面一瓢冷水：

「像這樣會被消滅。」

魏惠王很奇怪了：「仁惠是行善，行善怎麼會滅亡呢？」卜皮說：「仁義慈愛的人心軟好施捨。心軟，別人有過也不誅罰；好施捨，不等別人建功立業就給予獎賞。有過的不處置，無功的得賞賜，你說國家滅亡還是不滅亡呢？」

卜皮的話有他的道理。君王專用仁義慈愛治國而不用刑罰，想治而不能治。

孔子宣揚以德治天下，說用德治理國家，君主就像北極星安居其位，人民像衆星一樣圍繞著他。孟子主張仁政、王道，要以仁義來統治天下，都只是一種社會理想。

仁義慈愛有它的凝聚力，但君主施行仁義慈愛，難保所有的人都起來響應。人心不齊，重視仁義慈愛的人很多，喜歡奸邪的人也不少。

一味講仁義慈愛以感化奸邪的人，不是所有的奸邪之人都會被感化。還是得用刑罰禁止奸邪，嚴打重懲，使他們不敢爲奸，社會才能夠太平安寧。

施行仁義慈愛，得到美好的名聲，對一般人可以，對君主萬萬不行。照此下去，不是國家無法，就是國家有法也被君主擾亂了。

不濟貧窮

賞應厚重而誠實，罰應嚴峻而堅決。君主不能以施行仁義為名救濟、施捨貧窮的人，也不能講究慈愛同情、憐憫百姓而不對犯法的人進行處罰。

該賞的賞，該罰的罰，賞與罰都按照臣民的行爲來確定。得賞與受罰，是他們自己的言行造成的。善有善報，惡有惡報，誰敢不誠實呢？

賞應厚重而誠實，罰應嚴峻而堅決。君主不能以施行仁義爲名救濟、施捨貧窮的人，也不能講究慈愛同情、憐憫百姓而不對犯法的人進行處罰。

這自然有它的道理。

救濟、施捨是變相的賞賜，賞賜的是貧窮的人而不是有功的人。他們得到賞賜，雖然不一定能擺脫貧窮生活，但會覺得有人管吃管穿，苦一點也無所謂了。因此，在大敵當前的時侯，不積極殺敵立功；在和平的生活環境裡，不努力耕耘紡織，卻又都想做買賣發家致富，建立名譽，以得到高官厚祿。按這樣下去，營私舞弊的人就越來越多，強暴搗亂的人也越來越多。

同情、可憐百姓而不忍心使用刑罰，是變相地捨棄了刑罰。本來，君主制定的嚴刑重罰是百姓害怕、厭惡而不願意接受的。君主這樣做，是要以嚴刑重罰引起人們時時的自我警惕，不要去觸犯它們以免受到處罰而生活得不自在，也就達到防止奸邪，沒有暴亂而國家安定的作用。

仁義導致濫賞，仁義不可爲。慈愛影響誅罰，慈愛不可爲。

君主不能夠憑人的感情代替或者取消賞罰的法律。如果這樣的話，沒有功勞的人都想有高官厚祿，君主是不是再行仁義，滿足他們沒有止境的奢望；犯了罪的大臣都不想坐牢、砍頭，君主是不是再行慈愛，赦免他們的罪過呢？

如果這樣的話，小則削弱國土，君主地位降低；大則君主身死，國家敗亡。

君主要記住：

仁義慈愛不足用，嚴刑重罰可以治國。

君主使用刑罰，即使是凶猛的老虎都會感到害怕，規規矩矩，何況人呢？

適度

懂得治理社會的方法，國家雖然小也會很富裕；賞罰分明、踏實，百姓即使少也會強大。

賞罰沒有原則，國大也會兵弱，外寇入侵，土地和百姓都會遭到掠奪。一個國家沒有土地和百姓，就是堯、舜復生也不能夠稱王，夏禹、商湯、周文王、周武王憑什麼可以強大呢？

君主不應賞的也賞，大臣會無功而受祿。……無功受祿，功勞就得不到尊重。大量沒有功勞的人受到賞賜財產就會匱乏而百姓怨恨，百姓生怨恨就無心再為國家盡力了。

行賞過度失去民心，用刑過度百姓就不畏懼。國家有賞賜不足以鼓勵人上進，有刑罰不足以禁止邪行，國家大也是很危險的。

——《韓非子·飾邪》語譯

治國，不可能不用賞罰，用它約束人們的思想和行爲，促使百姓群策群力，建設繁榮昌盛的國家。

賞罰不是隨意的，賞與罰的既定原則和規範目標，應該是利國、利民、利君。失去了這些，賞罰只會社會起副作用，使國家不可能富強。

利國、利民、利君是賞罰的尺度。

過度，無功受賞，無罪被罰，就喪失了民心。君主失了去了民心，就失去了統治國家或天下的穩固基礎。人們也無意求上進，國家或天下將危若累卵。

賞可求，罰可避

賞可求，罰可避，整個社會就在積極的運轉中。

君主的賞罰勸善懲惡，是在劃分是非、黑白，把不是當作是，把白視爲黑，該賞賜的卻處罰，都達不到勸善懲惡的目的。

確立賞罰的標準，是論人言行的功過，有功則賞，有過則罰。這得根據人們的情況，讓人們可以通過努力求得賞賜，也讓人們以自我的克制避免遭受刑罰。

賞賜不可求，人們會感到前途黯淡，本來躍躍欲試，想建立功業，會覺得沒有辦法自暴自棄。刑罰不能躲避，人們動不動就犯法，就會不避刑罰，鋌而走險，雖然危害了自身，但也危害了君主和國家。

像吳王夫差命令耿耿忠心的伍子胥自殺；宋康王解剖駝背人的駝背看裡面是什麼樣子，使無辜者慘遭殺戮，使人們感到賞不可求，罰不可避。如賞可求，盡忠的伍子胥就應該得賞賜，怎麼反而受命自殺呢？而駝背人的駝背，是身體的畸形，有什麼罪過？

賢明的君主應該從這些人身上吸取深刻的教訓，不要走夫差、宋康王的老路。比如，讓瞎子處在空曠的平地，自在往來而不會遇到深谷，以免摔下去喪失了性命；讓愚蠢的人靜靜地呆著，不會陷於危險的境地。

能夠這樣，臣民不僅對君主沒有什麼怨恨，而且會感到君主大恩大德。

賞可求，罰可避，整個社會就在積極的運轉中。

中靶

射箭不中靶沒有什麼危害；賞罰弄錯對象，會使無故受罰的人心懷怨恨。

射箭得對準靶心，不管三七二十一，瞎貓子碰死老鼠，即使是射中了，也不能說射箭人的技藝高超。

君主實施賞罰，也像射箭，得看準對象。本來是甲的罪過，卻追究乙的責任，就像射箭而不中靶，但比它們嚴重得多。射箭不中靶沒有什麼危害；賞罰弄錯對象，會使無故受罰的人心懷怨恨。

賞罰適度，讓人覺得賞得合理，罰得應該，根本在於依法而行。法律確定了嚴格的賞罰標準，功過都按有關的條款套，不作任何人爲的鬆動，也就不會出現什麼差錯，更不用說把賞罰倒置了。

依法，被罰的人也不會有什麼怨恨。申明法令在前，犯法在後，犯法者受懲罰也怪不了誰。得賞賜的人受到鼓勵，會更加勤奮努力工作。

賞罰失當的關鍵是君主憑主觀意願和自我情緒的好壞來處置，高興起來胡亂地賞賜，不論是賢德之人還是不肖之才都加官晉爵，發起脾氣來，對品行端正的君子也不放過。這樣做受害的是賢臣，得利的是小人，使奸邪之人完全不害怕法律，相反地會利用君主辦自己的事情。

一個治理得很好的國家，君主不以個人喜怒實施賞罰。在嚴刑峻法之下，奸邪之人誰敢不服。那麼，君主不會亡國，忠臣不會因盡忠而遭殺身災難，君主高枕無憂而大臣安居樂業。

當賞則賞，當罰則罰

君主要掌握賞罰的度，又要具備敢賞敢罰的決斷。

君主要善處，不親自做事而知道做的過程中的粗拙和機巧，不親自考慮計劃而知道它的吉利和災禍。把應當辦的事交給那些自稱會辦的大臣，然後考察他的功勞，看他們的言行是否一致，決定當賞還是當罰。

不過，有一定的原則：功勞符合他所辦的事，所辦的事符合他的言論，就獎賞；功勞不符合他所辦的事，所辦的事不符合他的言論，就處罰。

這有一個前提，大臣出謀劃策要妥當；君主也要能分辨，善分辨。大臣辦錯了事，即使對君主的名聲沒有損害，畢竟損害了君主和國家的利益，還是應該處罰他。君臣應同心同德，君主總不能讓大臣辦不費舉手之勞的事然後獎賞他，也不能讓大臣辦根本辦不到的事然後處罰他。如果這樣，君主就是濫賞濫罰。

濫賞，功臣不思進取；濫罰，奸臣暗自為非。

賢明的君主賞有功，罰有過，對於有功勞的人，哪怕是與自己的關係很疏遠，地位很卑賤，也一定予以賞賜。相反的，對於有過錯的人，即使是關係很親近、地位很高貴的人也一定予以處罰，這有一種啓發作用。

賞賜了疏遠、卑賤的人，親近、高貴的人會受到鼓舞更加努力；處罰了親近、高貴的人，那疏遠、卑賤的人不敢懈怠，而親近、高貴的人也不會驕橫。

君主行賞時，要像及時雨那樣自然，使老百姓從君主的恩惠中得到好處；行罰時，要像雷霆那樣威猛，使神仙、聖人也不能為被處罰的人解脫。

自然地，君主要掌握賞罰的度，又要具備敢賞敢罰的決斷。當賞不賞，該罰不罰，就模糊了賞、罰的界限，鬆散了人們的精神，有弊而無利。

適度在於守法

賞罰必須是有法可依，有章可循。賞罰適度，度就是賞罰之法。

君主喜則濫賞，怒則濫罰就使賞罰不可能公正。

社會很難嚴絲無縫，總會有空隙，君主的情緒是空隙，他的情緒亂了法，法也有了空隙。

奸臣窺視形勢，趁這些空隙，游刃有餘。

他們順著建立功業的道路走，並不眞的去立功，用花言巧語、詭辭辯說詐取功勞；揣度事物之情，假裝遠離奸邪，自己暗地裡做著奸邪的勾當。

他們依仗三寸不爛之舌立功立名，所立之功是虛浮之功，所立之名是虛假之名，得了利益，亂了社會，致使眞立功與假立功、眞立名與假立名混淆在一起。

總是把忠誠與奸詐、愚蠢和聰明、壞的習性和好的習性都攪成一團，不能分辨。

在這種情況下，賞罰還在進行，那麼，賞怎麼會不是謬賞，罰怎麼會不是謬罰呢？

因此，賞罰必須是有法可依，有章可循。不受君主主觀意願和社會因素的影響，刑罰也就適當，不會出現當賞卻罰，該罰卻賞的情形。

如果賞罰有法仍然發生了過失，追究起來也不會是法的錯誤，只會是放棄了法而用人的智慧，不論是君主這樣做，還是他不用法，聽任大臣用智慧不用法，都將導致這樣的結果，使賞罰不分明。

賞罰適度，度就是賞罰之法。

嚴刑峻罰

凡是國家廣博，君主受臣民尊重的，沒有不是法令嚴峻，令行禁止的。君主分爵制祿，法令必嚴。

國治則民安，事亂則邦危，法重會得到人們的擁護，法輕則處事不當。

百姓有死力，人之常情，沒有誰不是盡死力以實現自己的慾望。他們好利祿而惡刑罰，君主掌握著利祿和刑罰駕馭百姓，處事適宜，就國治民安。

法輕而處事不當，刑賞也會失度。治理國家，刑賞應該分明。

君主治理國家都用法令，為什麼有的國家興旺，有的國家滅亡，就是刑賞不分明。

——《韓非子‧制分》語譯

人爲自己謀劃，趨利祿避刑罰也很自然。君主治國，雖然以百姓爲依託，但不能跟著百姓的情感和慾望走。

制定法令，推行刑罰和賞賜，是把百姓引入君主思想的軌道，走君主指定的道路。

君主的賞賜和刑罰是這條道路上的標記。它應該清清楚楚，而不是模糊不明。百姓看著君主，也看看這些標記。刑賞不分明，君主就昏庸了。

威懾

儘管嚴厲的刑罰會使百姓感到恐怖，總覺得頭頂上高懸著一把利劍，但他們不觸犯它也就安然無恙。

刑罰要嚴厲，不嚴厲人就不害怕，達不到應有的作用。

董閼於做趙國上地的長官時，一次在石邑山中行走，見山谷有幾十丈深，像高牆一樣陡峭，於是他問左右的人：有沒有人，包括聾子、瞎子、瘋人來過這裡？有沒有牛羊來過這裡？左右的人一一回答沒有。董閼於從這想到治理上地，感嘆道：我知道怎樣治理上地了，只要我的法令嚴厲無赦，像人掉進這個山谷會摔死，那就沒有誰敢犯法，上地就治理好了。

他從自然地勢領悟到以法治民。人們一般貪生怕死，好死不如歹活，誰願意去死呢？尤其是被法令處死。

人爲財死，鳥爲食亡，人貪圖利益，刑罰不嚴，對人的處置好像是隔靴搔癢，貪圖利益的人會肆無忌憚。

相傳，春秋時鄭國的有名的國相子產臨死以前對游吉說，我死以後，你將擔任鄭國的國相，一定要嚴厲待人。火凶猛，很少有人被火燒傷；水溫柔，很多人死在水裡。游吉沒有把子產的話放在心上，他以仁義治理國家，本以爲可以收服人心，天下太平。不料，鄭國的一些年輕人拉幫結伙，做強盜橫行霸道，危害整個國家。游吉率領軍隊和他們幹了一仗，這仗打得艱苦，經過一天一夜的戰鬥才取得勝利。事後，他有些後悔地感嘆：如果早聽了子產的話，就不會弄到這個地步。仁愛會侵蝕法律。君主仁愛是爲了愛民，過多的仁愛就會使百姓觸犯法律。

他們一旦犯了法要被處死，那就是被君主的仁愛害了。

儘管嚴厲的刑罰會使百姓感到恐怖，總覺得頭頂上高懸著一把利劍，但他們不觸犯它也就安然無恙。

嚴教的道理

君主既然用法治，行法宜嚴，太寬鬆了就達不到本想達到的效果。

把做父親的與做母親的人對兒女的憐愛或嚴格要求比較一下，母親對兒女的憐愛超過父親的幾倍。父親對兒女的嚴格要超過母親的幾倍。父母親是同樣地愛兒女，總是希望兒女平安、幸福，結果卻不同。慈母多敗子，而兒女在嚴父的教訓之下，往往成材。

再說治家吧，大家在饑餓寒冷的時候都忍耐，勞苦的時侯多相勉勵、努力，遇上戰爭和饑荒的年頭，生活在這樣家庭裡的人仍然穿著溫暖的衣服，吃著很好的食物。如果一家之內，大家在貧困的時侯，相互憐憫，共享僅有的衣服和食物；在富費的時侯，彼此施捨恩惠，一起安逸、享樂，那麼，這樣的家庭在天饑歲荒時，會把妻子嫁出去，把兒子也賣掉。

治理國家是一樣的道理，用法治，開始百姓不習慣，會覺得法治很嚴酷，但先苦後甜，走上了正規，一切都會好起來。用仁義治國，百姓倒是很能適應，但先甜而後苦，到吃苦的時侯就很難收拾了。

君主既然用法治，行法宜嚴，太寬鬆了就達不到本想達到的效果。有人說要「輕刑」，說穿了就是圖寬鬆。

通常，賞賜越豐厚，人們就越想得到；刑罰越嚴厲，人們就越恐避之不遠。君主越想把國家治理好，他的賞罰就越重。

重刑，不是單為了懲治犯法的人，而是要表明君主以法治國。重刑之下，善良的百姓不會去觸犯法令。同樣，重賞也不是為了賞賜立功的人，而是要鼓勵全國的人都建功立業，得了賞賜的人享受利祿，沒有得賞賜的羨慕他們，激發進取的信心。賞賜了一個人，鼓勵了全國人，君主何樂而不為呢？

臣民求利，也不會貪圖小利而觸犯重刑。

刑罰太輕，百姓就容易忽略。有人犯了法，不處置就會驅使百姓都犯法；處置吧，那法好像就是為百姓挖的陷阱，國家就不好治了。

以重禁輕，以難止易

善於治理國家的人，以重罰嚴刑來制止人們很容易辦到、很輕微的事情。

相傳，殷商的法律規定，把灰塵扔到街上的人處以死刑。後來孔子的弟子子貢讀到這段歷史，認為處罰太重了。他去請教孔子。孔子說：「把灰塵扔到街上，一定會弄到行人的身上。被弄的人會發怒而與扔灰塵的人爭鬥，造成雙方家族殘殺。追究起來，把灰塵扔到街上是根本原因，那麼，把扔的人處以嚴刑是可以的。再說，重罰是人深惡痛絕的，不把灰塵扔在街上是人容易辦到的。讓人們做他們容易做的事，不遭受他們討厭的刑罰，這是治理國家的方法。」

這是韓非子創作的新寓言。

用重刑禁止輕微的過失，用人們難以做到的事情禁止人們容易做到的事，那麼人們的行為在嚴刑重罰下統一了，沒有君子和小人的區別。

道理很簡單，人們圖利是要對自己的生活有好處，如果圖利妨害了生活、危及性命，他們就會捨利而求生。人沒有生命，所圖的利益沒有任何實在的意義，君主、小人都是如此。這樣，不廉潔的人也會變得廉潔起來。

賢明的君主以法禁奸邪，是要使人想犯法而不能犯，想強拿別人的東西而不敢拿，把奸邪消滅在萌芽狀態中，將會使凶暴的人品行仁厚，奸邪的人棄邪歸正並出現天下太平、民風淳樸的局面。

以罰勵人

面臨嚴厲的刑罰，人們容易糾正自己的行為。

韓非虛構了這樣一則故事：

魯國人燒荒山，沒想到北風一下子吹得很猛，火勢南移。魯哀公怕燒了都城，想要人們快去滅火。但連他左右的人都跑去驅逐野獸，沒有人救火。

魯哀公把孔子請來，問他怎麼辦。孔子說：「驅逐野獸是很愉快的事，不會因此受到懲罰，救火辛苦勞累，撲滅了火也沒有獎賞，誰願意來救火呢？」哀公將用賞賜鼓勵人們去救火，孔子又說：「事情緊急，用賞賜來不及了。再說，凡是救火的都獎賞，那整個國家的財富做獎品還不夠，不如用刑罰。」

於是魯哀公下令：不救火的人和投降、打了敗仗的人有同樣罪過，驅逐野獸的人和進入禁地的人一樣處罰。命令一下，還沒有普遍傳達，火就撲滅了。

這則故事裡對賞罰的選擇，利用了人們趨利避害的心理。

本來驅逐野獸而不救火，不僅有歡樂，而且有利可圖。當魯哀公和孔子把驅逐野獸與救火的利害關係顛倒過來，使不救火就對自己有害，那麼，人們救火就能夠保全自己的利益。因此，人們爭先恐後地去救火。

用刑罰激勵人們，雖然嚴厲，效果要快得多。

齊國風俗喜歡把死人的安葬辦得很隆重、華貴，把木材都用來做了棺槨，布帛都用來做了死人的衣被。齊桓公感到像這樣下去，國家的貨幣交換，防務材料全成問題，就和管仲商量。管仲說：人們的行爲不是圖名就是圖利，讓他們這樣做沒有名利可圖，自然就不會這樣做了。於是齊桓公發布命令：使用棺槨超過標準的就砍殺屍體，辦理喪事的人同時受到處罰。齊國安葬的風俗就這樣改變了。

面臨嚴厲的刑罰，人們容易糾正自己的行爲。

誅罪無怨

使用刑罰，關鍵是立法；刑罰使人沒有怨恨，根本上是法使人沒有怨恨。執法則是不以個人的意願爲轉移的。

君主實行重罰，雖然說顯得有些嚴厲，但不必有什麼後顧之憂。一般地，被處罰的人因罪受罪，也不會怨恨君主。

韓非說：孔子在衛國擔任國相，弟子子皋做管理監獄的官，依法砍了一個罪人的腳。後來，這斷腳人被派去看守城門。

不久，有人在衛國國君那裡說孔子想叛亂。衛國國君要抓孔子，孔子和弟子們紛紛外逃。子皋將要逃出城的時侯，那斷了腳的守門人把他帶到城門下的地下室，躲過了官吏的追捕。

子皋對他說：「我遵守君主的法令親自砍了你的腳。現在正是你報仇的時候，你爲什麼救我呢？」

斷腳的人說：「我的腳被砍，是罪有應得。我看你當時的神情，不是不想赦免我的罪，而是無法赦免我的罪，所以我對你沒有什麼怨恨。你的仁義厚道，使我感激。」

這則故事雖不眞實，但它說明了一個道理，君主依法對人的懲治，是法令在先，不是懲治在先。法令規定犯了什麼法該處什麼刑，人人都知道，是警告人不要犯法。人不犯法，完全可以安居樂業。犯了法，受處置也是理所當然。個人的感情是不能取代法的。

使用刑罰，關鍵是立法；刑罰使人沒有怨恨，根本上是法使人沒有怨恨。執法則是不以個人的意願爲轉移的。

國之利器不輕易示人

賞罰是國家的利器，君主掌握了它就可以控制大臣，大臣掌握了它就會矇蔽君主。君主要行賞，大臣會藉君主的賞賜以顯示自己的恩德；君主要行罰，大臣會藉君主的刑罰以顯示自己的威嚴。

——《韓非子・六微》語譯

君主行賞，大臣減少一些賞品以示自己的恩德；君主行罰，大臣加重以示自己的威嚴。君主行賞而大臣用其勢，君主行罰而大臣用其威。

國家的利器不能輕易地示人。

——《韓非子・喻老》語譯

賞罰非同小可，說重點關係到人的生死存亡，說輕點涉及到人前途的輝煌燦爛或黯淡無光。所以，君主、大臣看重賞罰的權利，它顯示自己的恩德，建立自己的威勢。

君主應該掌握賞罰的最高權利，敲定賞罰的基本原則，一是治臣，一是治民。大臣執行賞罰，由不得他們的性子。如果君主讓大臣自行賞罰，就把君主獨有的威嚴讓給了大臣，使大臣分享了君主的權利，弄不好，君主會被大臣控制。

就是君主牢牢地把著賞罰大權，因爲他不能親一一施行，也要防備大臣利用賞罰建立自己的威勢。

君主的賞罰不輕易地示人。

賞罰專一，令不兩行

君臣共掌賞罰的權利，形成兩套不同的賞罰措施，即使有禁令也是行不通的。

造父是御馬駕車的能手，在他的手下，馬隨人意。然而，當馬奔跑的時侯，被突然衝出的豬驚嚇，造父再也控制不了馬。這不是韁繩和皮鞭的威力不夠，而是這些威力被突然衝出的豬分散了。

王良也善於御馬駕車，他不用韁繩和馬鞭，而用馬料和水把馬管得服服貼貼。但當馬經過菜地和水池的時侯，貪吃菜地裡的菜，要喝水池裡的水，使王良失於控制，因爲他對馬的仁慈被菜地和水池分散了。

造父的威力象徵著刑罰，王良的仁慈象徵著賞賜，君主的賞賜刑罰不專一，就不會取得預定的效果。

如果要造父、王良共駕一輛車，造父拉著馬右邊的絡頭用鞭子抽打，要馬前行；王良拉著馬左邊的絡頭，大聲喝斥，催馬快走，在這種情況下，馬左右爲難，走不了十里路。

田連、成竅是天下最會彈琴的人，但要田連彈上面，成竅彈下面，兩人再會彈奏也成不了樂調。

和這些相類似，君主和大臣共掌賞罰之權，都自以爲是，君主主張這樣，大臣主張那樣，又怎麼能夠成功呢？

織就一張嚴密的綱

嚴法，需要整個嚴密的執法系統，使人沒有空隙可鑽，人們也就容易守法，循規蹈距。

君主太仁慈，法就難以建立，威嚴少大臣就會犯上作亂。

仁慈不能多，威嚴不能少。威嚴體現在法中，法不能有所疏漏，否則，損害了威嚴。

荆南麗水中出產金子，很多人偷偷地到那裡採金。禁令規定，抓獲就碎屍示衆，很多人因此送了命，屍體扔在麗水裡，水被堵塞不流。在這種情況下，人們仍然不斷地去偷採金子。不是刑罰不嚴厲，哪裡還有比碎屍萬段更重的刑罰呢？這是因爲法有疏漏的地方，人們去偷採金子不一定被抓獲，不被抓獲，偷採了金子得了利，可以好好地活著享受富貴。

如果說，把天下給你，同時又要殺死你，再沒有用的人也不會做。不是他不知道是得天下是大利，而是知道得了天下就會死，那還有什麼必要得這個天下呢？

得天下的利益遠遠超過偷採金子的利益，得天下必死與偷採金子可能死讓人選擇，人們自然不去選擇得天下而會選擇去偷採金子。如果偷採金子的人也必死，那麼，還會有誰去偷採金子呢？嚴法，需要整個嚴密的執法系統，使人沒有空隙可鑽，人們也就容易守法，循規蹈矩。

越職有功也罰

賢明的君主管理群臣，不允許越職建立功勞。這樣，君臣就會各守其職，操好份內的心，辦好份內的事。

有一則故事：一天，韓昭侯喝得醺醺大醉，昏昏沉沉地沒脫衣就睡著了。韓昭侯身邊有個掌管帽子的侍者，看到國君這樣躺著，擔心他著涼，於是，把衣服輕輕地蓋在他身上。

韓昭侯一覺醒來，看到身上蓋著衣服，十分高興，就問左右的人：「是誰給我蓋上衣服的？」有人馬上恭敬地回答：「是掌管帽子的侍者。」

韓昭侯臉沉了下來，滿心高興頓時無影無蹤。於是下令處罰掌管衣服的侍者和那位爲他蓋上衣服的掌管帽子的侍者。掌管衣服的侍者沒有盡職盡責，理應處罰。那掌管帽子的侍者一片好心，爲韓昭侯做了一件好事也受到處罰，眞是有點冤枉。

但韓昭侯認爲不冤枉，同樣是罪有應得。誰要他超越自己的職權呢？你管帽子就把帽子管好，犯不著插手管衣服；你管了衣服，那管衣服的人又幹什麼呢？

看來，韓昭侯不是不怕冷，而是認爲侵權的危害比他寒冷的危害還要大。群臣彼此侵權越職，豈不是亂了套。

賢明的君主管理群臣，不允許越職建立功勞。即使越職建立了功勞，也將遭到處罰，嚴重的會被處死，使其他官吏不敢越職行事。

這樣，群臣就會各守其職，操好份內的心，辦好份內的事。一石二鳥，君主有君主的心計。

賞厚而信

賞賜厚重而誠實，那麼，人們樂於被使用。行賞不宜太輕，太輕就沒有刺激，調動不了人的積極性；也不宜矇騙，以賞賜引誘人們效命，來達到自己的目的。

所謂的賞賜是一場騙局，有第一次、第二次，第三次決不會產生作用，誰甘願承受反覆的欺騙呢？這兩條君主都應注意。

只有賞賜厚重而誠實的，人們才會爲他拋頭顱、灑熱血，許多人懂這個道理。

據說，吳起爲魏武侯鎮守西河的時侯，秦國有個瞭望享緊靠魏國的邊境，監視魏人的動靜。吳起想拔掉這顆牙，不然就會妨礙西河人的農業生產，但要拔掉它兵力不足。

於是，他把一個車轅斜靠在北門外，下令說：誰把它搬到南門，就賞給他最好的田地、上等的住房。有個人搬去了，果然得到了這筆豐厚的賞賜。

吳起又把一個石赤菽放在東門外，下令說，能夠把它搬到西門外去的，和上次的賞賜一樣。人們都爭先恐後地來搬。

吳起見人們都調動起來了，再次下令：明天攻打秦國的瞭望亭，先登上去的人封爲大夫，賞給好田好房。第二天，人們蜂擁而上，一下子就攻克了那個瞭望亭。

賞賜厚重而誠實，那麼，人們樂於被使用。其中的主要作用是「利」，人們在生活中對物質利益的追求是永無止境的，賞賜厚重總會閃動著靈光，引誘人去得到它。而說賞則賞，不推託、不隨便改變主張，增強了人們對君主的信賴，君主依靠它，攻則易勝，守則易固。

用人

誤區

想搖動樹上葉的人，一片片地去搖，花費了很大的力氣也不能使樹葉每一片都搖動；左右拍打樹幹，那樹上的葉子就都搖動了。

…………

善於撒網的人拿著網繩，不拿著一個個網孔然後撒開。如果要拿著一個個網孔再撒，勞累而難達到目的，拿著網繩撒網，魚就會盡入網中。

官吏，是百姓的樹幹、百姓的網，所以聖人治官不治民。

——《韓非子·外儲說右下》語譯

說聖人治官不治民，其實，治官也是在治民。聖人治官，官治民，一級治一級，不就是聖人治民。治官的聖人是君主。綱舉目張，幹搖葉動。

君主要是事事躬親，大小事全靠自己辦，願望再好也治理不了國家。

君主掌握官吏，官吏掌握百姓，這樣，君主事半功倍。自然，君主任命的官吏，得憑公心爲君爲民。否則，君主不但不能治民，反爲奸邪所治。

封官授爵的憂慮

君主封官授爵，是社會政治的需要。君主治國，得有一大群人協助管理各個階層，各個行業，按級別、行業的不同，給予他們一定的職位。

賢明的君主，封官授爵有明說或不明說的標準，也就是任用賢才和建立了功業的人。原因非常簡單，不用這種人出謀劃策，出力流汗，帶動人們共同前進，國家就缺少支撐的力量，很難治理。

和這相應，有優良品德、卓越才能的人擔任高官，享受豐厚的俸祿；功勞大的人有尊貴的爵位，得到很重的賞賜。當然，任官要能稱職，給予他們俸祿也要和他們的功勞相當。這樣，賢能的人就會忠實地侍奉君主，有功勞的人樂於做他們的事業，使君主的統治獲得成功。

現在的社會卻不是這樣，封官授爵，不考察那些人有德無德，有才無才，有功無功。只要是諸侯推重的、左右親近薦舉的就任用，而不管是不是對國家和百姓有好處。還有一些和君主有親戚關係的大臣們，找君主要空額官職和俸祿，不是爲君主分擔繁雜的政務，而是把這些高價出售，收取錢財裝自己的腰包，或者用來分封同黨，拉幫結派。

有人賣官就有人買官，財產多的人買了官職有了高貴的身份。這也給其他人造成了可乘之機，像與君主的親信有交情的人就請他們爲自己多說好話，乞求君主恩賜；那在職的官吏敷衍塞責，對外勾結，放棄正事，貪得財物。

這些難以一一陳說，腐敗的現狀使有德有才的人失望，懈怠，萎靡不振；使有功的人懶惰，放鬆他們的事業。既然封官授爵沒了講究，官職可買可賣，賢能的人也許還趕不上不賢能的人，有功的人也許不及無功的人，叫人還說什麼呢？

枳棘刺人

培養人應該愼重，培養人是爲了用人，所用的人應該順手、順心，忠心勤懇。

陽虎離開齊國到趙國，趙簡主接納他以後，就問：「我聽說你善於培養人，是不是眞的有這麼回事呢？」

陽虎說：「我在魯國的時侯，培養了三個人，他們都做縣令。但當我在魯國得罪了君主，這三個人來捉拿我。我在齊國的時候，推薦了三個人，一個成爲齊王的貼身侍從，一個擔任縣令，還有一個做偵察官。然而，當我得罪了齊王，做了齊王貼身侍從的那位迴避不見我，做縣令的那位用繩子捆綁我，做偵察官的那位爲了抓住我一直追趕到齊國的邊境上，追不上才罷休。我陽虎並不善於培養人，不然，何至如此呢？」

聽了這番話，趙簡主笑彎了腰，說：「種植梨子橘柚的人，果實長成以後，吃起來很甜，聞聞它很香。種植枳棘的人，枳棘長成以後就會刺人。所以，君主對種植什麼是很愼重的。」

陽虎講述的是他個人的經歷，趙簡主則把他的講述寓言化了，說明培養人應該愼重的道理。

培養人是爲了用人，趙簡主所說的，也符合用人的道理，所用的人應該順手、順心，忠心勤懇。假如所用的人像刺一樣刺人；這刺人不是爲了維護君主，而是挖君主的牆角，塌君主的台，那君主就會陷於困境，難以自拔。

用人眞得十分愼重。

善辯多智與道德完善者

用人，必然要使所用的人有權勢，使他們足以處理所掌管的事情。

君主用人，總得有個把握，想起這件事，隨便要一個人去辦；有了那件事，依然如此。用人沒有一個法則，辦事是很容易失敗的。君主有用人的法則，卻要看這法則是什麼，還有君主有沒有權術。如果君主不懂權術而用人，所用的不是善辯多智的人，就是個人道德修養完善的人，那也是要失敗的。

用人，必然要使所用的人有權勢，使他們足以處理所掌管的事情。善辯多智的人不一定誠實。他仗恃智謀，會用假事情迷惑人，使人信以爲眞。他又有了權勢，當他把自己的智謀和權勢結合起來，爲自己謀取私利，那君主就容易受騙上當了。君主對這種人是不能夠完全相信的。

用個人道德修養完善的人吧，這種人不一定聰明，而且辦事總要考慮與個人的道德修養有沒有衝突。他們不善於用智謀，行爲又有些顧忌，使他們很難遵循事情的客觀規律，把事情辦糟了。

君主不重權術，用這兩種人，給自己找了痲煩。不過，不是說這兩種人不能用，而是君主在掌握權術的基礎上任用他們。注意不讓卑賤的人議論富貴者，下屬犯了法上司要受牽連，對此，君主眞誠地進行考察，沒有門戶之見，那善辯多智的人被任用也不會欺詐君主。同時，君主按功行賞，依能授事，犯了錯誤就處罰，那個人修養完善而愚蠢的人就不會被任用了。

亡國之臣

亡國之臣以自我為中心，頭腦裡充滿了個人的私利，不把國家的安危放在心上。

君主用了亡國之臣是自尋死路。

亡國之臣以自我爲中心，頭腦裡充滿了個人的私利，不把國家的安危放在心上；擅長顚倒是非，混淆黑白，談論歷史，破壞新開創的好事，使這些好事情不能成功。況且他們還勾結朋黨，逼迫君主攪亂社會。

他們的陰險惡毒深藏在內心，表面上行爲謹愼，循規蹈矩，使人感到他們很善良。這是很危險的。君主只看到這種假象，沒有洞察他們的內心世界，在他們的矇蔽、誘導之下，也會以是爲非，以白爲黑，使國家面臨危險。

商紂王之所以身亡國滅，他身邊有崇侯虎這樣的亡國之臣也是原因之一。商紂王本來就荒淫殘暴，他要樂師創作淫蕩的音樂，並修築酒池，把肉一條條地掛著像樹林一樣。他總是一邊喝酒，一邊觀賞男男女女赤裸著身子相互追逐、玩耍。還以嚴酷的刑罰來制止百姓的怨恨和諸侯的背叛。崇侯虎是商紂王的寵臣，不僅不勸商紂王放棄這些惡劣的行爲，而且幫助商紂王過這種生活，監視對商紂王不滿的人，有什麼動靜就向商紂王報告。西伯侯暗暗地嘆氣，崇侯虎知道了，告了密，商紂王就把西伯侯囚禁在羑里這個地方。

崇侯虎的助紂爲虐，加速了商紂王朝的滅亡。

這樣的人被寵信，眞是君主的悲劇。

歷史的教訓很多，君主不能不引以爲戒，同樣是用人，有的君主用人之後高枕無憂；有的君主用人之後不得安寧，甚至身危國亡。一利一害，天壤之別，關鍵是人用得對還是不對。

不令之民

不令之民是既不接受君主的命令，又不願以君主的命令去命令其他人。

亡國之臣不能用，不令之民也不能用。

不令之民是既不接受君主的命令，又不願以君主的命令去命令其他人的人。一般人們好利，但這種人見了利益也不高興，君主的重賞鼓勵不了他；臨難不害怕，君主的嚴刑也不能夠嚇唬他。許由、續牙、卞隨、務光、伯夷、叔齊都是這樣的人。

相傳堯要把天下讓給許由，許由說，你堯治理天下，已經把天下治理得很好了。而我來代替你，那我不是圖虛名嗎？再說，天下對我有什麼好處呢？即使你沒有把天下治理好，我也不能夠越俎代庖。

湯討伐夏桀，擔心天下人說自己貪得，就表示要把天下讓給務光，務光聽說後，竟然投河自盡了。

這些人，就是把天下給他們，他們也不願意要，那還有什麼利益能夠打動他們呢？他們甘願隱居博取虛名，寧可死在山林草叢和江湖河流中也不爲君主服務，君主不必用這一類人。

人不被利益、刑罰打動，就把整個人生都看淡了，不想積極進取。而國家要發展，政治的穩定、經濟的繁榮、科技的進步等等，都要以人人進取爲前提。君主一人在頭腦中繪製社會的藍圖，始終只是一個空架子，需要人們用踏踏實實的行爲去實現這個藍圖。不能用那些凡事都無動於衷的人，不令之民不宜使用的道理也在這裡。

不令之民不願意想，也不願意做，在社會上是多餘的人。

強愎之臣

大臣中，還有一種自信而性格剛硬的人。他們有能力，有思想，但過分地相信唯有自己正確，喜歡固執己見。這就是強愎之臣。

君主對他們高度信賴，言聽計從，那麼，他們和君主的關係，好像是師父和徒弟的關係。如果君主對他們說的話有一點沒有聽從，對他們要做的事有一點沒有照辦，他們就用語言冒犯君主，在君主面前耍威風。這樣，他們與君主之間的關係表面上沒有變化，實際上多少有一點變，使君主受了他們的約束，為他們左右，影響了君主的權力和尊嚴。

通常，人們說武將死在戰場，文臣死於規勸君主。強愎之臣疾爭強諫，要君主接受自己的意見，其中有一些是忠臣，像商紂王朝中的王子比干，春秋時期吳王夫差手下的伍子胥。君主應該鑑別，把他們和那些不忠而又自信強硬的大臣區分開來。

當忠臣強諫的時侯，君主不要只想到自己的意志受到阻撓，或者是有損尊嚴，要問一問爲什麼，並從實際以及長遠的利益出發，權衡他們的意見，避免政策和行爲上的失誤。這對國家和君主自身都是有好處的。

君主不用強愎之臣，準確地說，是不用那不忠誠或昏庸的強愎之臣，而讓那忠誠而又清醒的強愎之臣成爲自己的一面鏡子。

霸王之佐

這類人既忠誠，又溫順，不硬性地把自己的意志強加給君主，又能踏踏實實，勤勤懇懇地工作。

君主用人，應該用周公旦、蹇叔、管仲、百里奚、范蠡、大夫種這一類的人。

他們爲了君主，起早摸黑，不辭辛勞，又深明法紀，克盡職守；懂得該做什麼，不該做什麼；向君主進獻忠言良策，深明治理國家的方法而不炫耀，取得了成功也不認爲是自己的功勞；爲了國家和君主，可以捨棄自己的小家，甚至丟了性命也在所不惜。

他們又始終讓君主有不可凌犯的尊嚴，君主像蒼天、泰山，穩居朝廷之上，受到全國百姓交口稱讚。他們自己很謙遜，享有一點名譽也可以，完全沒有名譽也行。

周公旦曾經輔佐年紀幼小的周成王，代替他行使權利，引起兄弟之間的怨恨和叛亂，他也忠貞不渝。蹇叔輔佐秦穆公，曾經苦勸穆公不要長途奔襲鄭國，說秦國軍隊辛辛苦苦，走那麼遠的路怎麼會不走漏風聲，遠方的鄭國早就有了防備，秦軍的襲擊不可能取勝。

周公旦不因爲把持朝政大權而欺負君主，蹇叔不因爲德高望重冒犯秦穆公。從這裡可以看出，這類人既忠誠，又溫順，不硬性地把自己的意志強加給君主，又能踏踏實實、勤勤懇懇地工作。他們在昏庸君主的手下都可以建功立業，更不用說爲賢明君主所用了。

君主要成就一番事業，少了這種人，就沒有得力的臂膀，難以功成名就。

用人的法則

聖王明君用人，對內薦舉不避親人，對外選拔不避仇人；思想行為正確的就給他官做，錯誤的就予以處罰，所以，賢良的人得到任用而奸邪一起會消失，一舉而能征服諸侯。

史書記載：堯殺了丹朱，舜殺了商均，啟殺了五觀，商殺了太甲，武王殺了管叔、蔡叔。這五位君主與被殺的人，都有父兄或子弟的關係；而被殺的身亡家破，是因為他們害國害民，敗壞法紀。

再看他們任用的人，有的曾隱居在山林湖泊，有的曾戴著枷鎖關在監獄，有的曾做廚師、放牛一類的事情，賢明的君主不以他們的卑賤為羞辱，看重他們的才能可以申明法令，便國利民，所以任用他們，也使自己的生活安逸，名譽尊顯。

——《韓非子‧說疑》語譯

人的社會地位並不標示著人的實際才能。君主用人，只看到人擁有的社會地位就會發生錯誤，這已爲歷史不斷證實。

用人，雖說在於人自身可用，但可用的人未被任用的情況大量存在，根本的是君主的胸懷、理智和目光。君主把眼光浮在上面，盯著周圍的人；容不得批評及持有不同意見的人；看不起卑賤、低下的人，都將影響用人。

治國要的是德行和才幹，用人的標準就應以此爲轉移。

君主用人論親疏，三姑六姨五舅子一起上，滿堂親有德有才也可以，無德無才就不是治國，而是誤國。

善用人與不善用人

君主善於用人與不善於用人的差距很大。善於用人的君主，即使是常常騎馬打獵，聽音樂看舞蹈，國家也安然無恙。不善於用人的君主，即使是親自勤勞節儉，穿粗布衣服，吃再差的食物，國家仍然難逃滅亡的災難。

相傳，趙敬侯不修德行，放縱自己的慾望，貪圖生活的安逸。冬天打獵，夏天釣魚，一擺宴席大吃大喝就是幾天幾夜，光自己喝酒不算，還要別人喝，不能喝酒的人就強灌。報告事情、回答問題不恭敬的人就殺頭。他的飲食起居、用刑殺人是這樣沒有節制，沒有法度，但他居然做了幾十年國君，與敵國的戰爭沒有遭到失敗，土地沒有被鄰國搶奪，內無君臣百官之亂，外無諸侯、鄰國之患，不是別的，就是他善於用人，有賢臣爲他治理好國家。

燕子噲就不是這樣，他本來有方圓幾千里的國土，幾十萬軍隊，應該說是很強大的。他自己又不安樂享受，還親自從事農業生產，勞苦自己爲百姓們盡心盡力，不比古代的聖王、明君差。但他用錯了人，被奸臣弄得喪了命，亡了國。

這是兩種不同的君主，按照各自的行爲，趙敬侯應該衰敗卻沒有衰敗，燕子噲不該反而衰敗了。趙敬侯的行爲當然不對，一國之君理當勵精圖治，身爲百姓的表率，在這方面，燕子噲比他強的得多。然而，趙敬侯把好了用人關，燕子噲沒有在以身作則的同時，注意用賢能的人治國，這是很深刻的教訓。

依實踐檢測

賢明的君主，聽了別人的一定要求不空泛而有實際的作用，看人行為一定要求有所成效，這樣，就不會被虛假的現象矇騙，使人各得其用。

凡事都有風險，用人也不例外。君主本意想用忠臣，不料用了奸臣，身亡國破，這風險就成了眞格的。君主到成了階下囚或者被殺了頭的時侯，後悔也來不及。

儘管有這種可能性，然而，君主想用忠臣果然用了忠臣也是可能的，不能只想著會有風險，失去了用人的勇氣。

人都睡著了，就不知道誰是瞎子；人都默不作聲，就不知道誰是啞巴。讓人人醒來一個個地看，詢問默不作聲的人使他們逐一回答，那誰是瞎子、誰是啞巴就清清楚楚了。

用人，不聽將被任用的人談論，就不知道他有沒有智慧；不要他親自去辦一些事情，就不知道他的工作能力。君主聽了他們的言論，選擇正確的意見，用他們而要求他們建功業業，那麼，將被任用的人有沒有智慧和能力就不需要多說了。

考察言與行，不能偏廢，只聽他說，不看他做，冒牌貨會應時而生。再譬如說：君主想招一個大力士，只聽人自我介紹，那麼一般人和眞正的大力士就沒有區別。把一個大鼎擺在他們面前，要他們一一上前搬動，誰的力氣大，誰的力氣小就一清二楚了。

官職，標示著相應的責任，用它可測試出人的愚蠢和智慧，有能與無能，最終是淘汰愚蠢的、無能的人。君主切不可被人們的花言巧語迷惑，否則，會使眞正有智慧，有能力的人被冷落得不到任用。

賢明的君主，聽了別人的言論一定要求不空泛而有實際的作用，看人行爲一定要求有所成效，這樣，就不會被虛假的現象矇騙，使人各得其用。

君不過任，臣不誣能

君主任用賢能的人，人得其用，各人克盡職守，它體現出來的用人原則會影響到臣下的舉賢、讓賢。

古代趙襄主邊邊有一個武士叫少室周，爲人廉潔誠實。一次和徐子比賽勇力，輸給了徐子。於是他到趙襄主那裡，請求讓徐子接替自己的職務。趙襄主說：「你所處的位置是別人都想得到的，你爲什麼要徐子來取代自己呢？」少室周回答：「我憑勇力侍奉您，現在徐子的勇力超過了我，我不讓他來取代我，別人說起來，還是我的過錯。」

這對趙襄主來說沒有大的關係，失一武士，得一武士。對少室周則關係重大，他一讓位就失去了一個好職業。但他所想的是君主任賢，既然自己不如別人，就該把職位讓給別人。

沒有君主舉賢授能、人得其用的原則，就不會有少室周這樣的舉動，他不必這樣想，更不必這樣做，而會牢牢守著自己的飯碗，甚至嫉賢妒能，維持自己的地位。人得其用，君主賢明，臣民就有了生活的激情。

仔細地考察，正確地任用，不發生偏失，是君主的責任。

前行後續，大臣會推賢讓能。

金無足赤，人無完人

人不一定是全才，在各方面都是傑出的、優秀的。把有不同長處的人匯集在一起，各展其長，效果不會比用有全才的人差。

一天，魯哀公問孔子：「我聽說古代有位叫夔的人只有一隻腳，他是不是眞的只有一隻腳呢？」

孔子笑了，回答說：「不是你聽說的這麼回事，夔並不是一隻腳。他這個人性格暴躁、凶狠，很多人不喜歡他。但他爲人誠實，所以人們也不傷害他，而說他有誠實這一條就足夠了。不是說他只有一隻腳。」

魯哀公接著說：「確實是這樣的話，本來也就足夠了。」

孔子糾正錯誤的傳言，但故事的本義是人應該誠實。同時，它也告訴人們，人不一定是全才，在各方面都是傑出的、優秀的。這就要引起君主的注意了。用人，能用有全才的人固然好，沒有全才的人，不妨用非全才的人的長處。把有不同長處的人匯集在一起，各展其長，效果不會比用有全才的人差。

君主需要把握一個基本的東西，像夔的誠實就是如此。不過，這個基本的東西得跟君主的需要相吻合，要用的是別人的智慧，卻要求別人的道德絕對完善，性情絕對溫和，而忽略別人的智慧，就有一點南轅北轍的味道。漢武帝招募能夠建功立業之士，就只以能否建功立業爲標準，不計較他因道德品行不好遭到世俗之人的批評。曹操公開聲明，只要能幫助他統一天下，道德行爲上有些污點也無所謂。這就像人們重視的是夔的誠實，而不把他性情的暴躁、凶狠當一回事。

夔一而足，君主能用每位賢臣的一個長處也就行了。

空談

君主聽人談論，欣賞人華麗的辯詞；看人的行為，認為迂腐不實用就是賢能。那麼，群臣吏民夸夸其談，行為遠離社會現實。

言說纖細難察，微妙難能，就不是能急於辦理的事務。

談論迂遠深奧，博大無涯，就沒有什麼實際的功用。

良藥苦於口，聰明的人知道吃了它可以治好疾病。忠於逆於耳，賢明的君主知道採納它可以建立功業。

——《韓非子‧外儲說左上》語譯

人們常說的言爲心聲，指的是發自肺腑的眞誠之言，它往往落地有聲。在它之外，還有並非發自內心的空談之言，韓非把它分成兩類，一是纖細難察，微妙難能之言；一是迂遠深奧，博大無涯之言。二者都是夸夸其談，或者無限縮小，或者無限擴大。

空談是很容易的事，但它不合實用，不可能付諸實施。它往往有華美的外衣，掩飾虛弱的實質和空談家自己的用心。君主爲它所動，同樣不能取得實際的效用，因爲空談不可能有實效。

忠言逆耳，可貴就在它直截了當地指出言論和行爲的弊病，不兜圈子。雖不中聽，但有用。君主要善於分辨。

縱橫家

空談可以治理國家的話，人們都會去空談，既省事，又輕鬆，比執行國家法令不知道要便利多少倍。很明顯空談不能治國，但是，社會上仍然有不少人在那裡以空談治國。

戰國的縱橫家們就是典型的例子。

當時，齊、秦、楚、趙、魏、韓、燕七國爭雄天下，秦國自從秦孝公任用商鞅，進行了政治、經濟、軍事等方面的改革以後，經過幾代君主的努力，成為天下強國。在地理分布上，南北為縱，東西為橫，秦國位於西方，聯合六國中的任何一國稱為連橫，而六國的聯合稱為合縱。秦國實行連橫戰略，遠交近攻，逐漸蠶食六國；六國合縱，抵禦秦國的攻打。這是歷史上著名的合縱連橫鬥爭。

縱橫家應運而生。主張合縱的人說：合縱成功了一定會稱霸天下；主張連橫的人說：連橫成功了一定會稱霸天下。他們談論不休，但誰都沒有眞正使君主建立功名，成為天下霸王。這說明空談不能夠治國。

再往前推，孟子談仁政、王道也是振振有辭。說是尊敬自家的老人，推及到尊敬別人的老人；愛護自家的孩子，推及到愛護別人的孩子，天下就可以在君主的掌心上運轉了。還有什麼在五畝大的宅院種上桑樹，使五十歲的人穿上絲綢；按時繁殖雞和豬狗，使七十歲人吃上肉，不違農時地耕種百畝田地，有八口人的家庭就可以不挨餓了；辦好學校，講授孝順友愛的道理，頭髮花白的人就不會在道路上背東西了。像這樣年紀老邁的人穿絲綢、吃肉，百姓不饑餓，不寒冷，他們的君主就可以稱王天下了。

但有誰以孟子的仁政、王道統治了天下呢？

空談說得再動聽，總是空談。

棘刺母猴

在棘刺上雕母猴是不可能的。比喻社會的言談之士談的是些虛幻的事情。事情本身就不切實用，但他們卻弄得玄而又玄。

宋國有一個人請求爲燕王在荆棘刺的末端雕一隻母猴。他告訴燕王，等他雕好以後，燕王一定要齋戒三個月，然後才能夠看到它。

燕王信以爲眞，給了要雕母猴的宋人一塊封地、讓他專心去雕刻。

燕王身邊一個做鐵器的侍者知道這件事後，對燕王說：「我聽說君主沒有齋戒十天的。現在，您卻要齋戒三個月然後觀看那無用的東西。再說，做雕刻，雕刻的刀要比雕刻的東西還要小。我是做鐵器的，沒有法子造出這麼小的雕刀。這個宋人說的一定不是眞的，請您考察。」

燕王把那人抓起來，一審問，果然是假的，就殺了他。

當時，在棘刺上雕母猴是不可能的。韓非講這個做事，是比喻社會的言談之士談的是些虛幻的事情。事情本身就不切實用，但他們卻弄得玄而又玄。自己本來做不到，要這樣去說，只是爲了顯示自己的智慧，撈一點利益。

君主聽取言論，有必要考察言論的眞僞，有用還是無用。君主是要求眞、求用的，否則，就會使那不可能的棘刺母猴在他心目中成爲可能。而考察，要著眼於根本，像棘刺母猴，連雕刻的刀都造不出來，哪裡能夠成爲現實呢？

無根據、無實際用途的話誰都會說，鄭國有兩個人爭論誰的年齡大，一個人說：「我和堯同年。」另一個人說：「我和黃帝的哥哥同年。」這樣無休止地爭下去，浪費時間，消耗精神，誰勝誰負都沒有意義。

類似棘刺母猴的事是常有的，君主宜愼重，不要輕信、妄行。

不死之說

不要相信空洞的言辭。言論能夠勝一國人，一按照事物的本來樣子考察，就連一個人也騙不了。

宋國有個叫倪說的人，巧舌如簧，以「白馬非馬」論使齊國稷下學宮能言善辯的學者們佩服得不得了，當他騎著一匹白馬經過關卡時，還是按白馬納稅，不能用「白馬非馬」論爲自己辯解。這就有點意思了，言論能夠勝一國人，一按照事物的本來樣子考察，就連一個人也騙不了。所以，不要相信空洞的言辭。

君主和常人不同，常人相信了空洞的言辭，自認受騙上當、倒霉背時，或者受到一些實際的損失，都侷限在個人身上。君主相信了空洞的言辭，自己受害不說，還會害人、害國家。

有個人教燕王學習長生不死的方法，燕王忙於國事，就指派專人去學。不料，去學的人還沒有學到手，教的人卻死去了。燕王大怒，把去學的人殺死了。

燕王不知道是教不死方法的人在騙自己，而怪罪去學的人去太晚了。他沒有認眞地想一想，教不死方法的人不能夠使自己不死，又怎麼可能教別人長生呢？

不一定眞有這樣的事，但相信空洞的言辭，處罰無罪之人的事總是有的。問題還是君主能不能洞察。

有一則和它相類似的故事：有人把吃了可以不死的藥獻給楚王。通報的人拿了藥上殿。有個衛士問：「這藥能不能吃？」當通報的人說能吃的時侯，衛士搶過來吃了。楚王大怒，要殺這個衛士，衛士請人代他向楚王申訴：「我問通報的人，他說可以吃我才吃的，罪不在我。再說，我吃的是不死之藥，您殺了我，豈不成了死藥。不過，您殺了我這無罪之臣，以表明別人對您的欺騙，也行。」楚王聽了這番話，一想有道理，就沒有殺他。

這則故事雖說有點滑稽，但楚王終究沒有相信關於不死之藥的空洞言辭和那不死之藥。

買櫝還珠

言語中聽就會打動人，君主需要透過語言的表象，看它實際的功用。生活是實實在在的，誰能泡在華美虛幻的語言中生活。

楚國有一個賣珍珠的人。爲了能賣一個好價錢，他用木蘭做了一個很精緻的盒子，用桂椒薰得香噴噴，並用珠玉、玫瑰、羽翠把盒子裝飾起來。他把這顆珍珠賣給了一個鄭國人。沒想到，這個鄭國人很快就把這顆珍珠退還給他。原來，他看中的是這個盒子，並不是盒子裡的珍珠。賣珍珠的楚國人可以說是善於賣珍珠盒而不善於賣珍珠。

韓非藉墨家子弟田鳩對楚王講這個故事，說明身體力行的墨子，文章很質樸，反對語言華麗，主要是擔心人們迷戀華麗的語言，忘記了它們的實際作用。

這則故事把華麗的文辭比喻成賣珍珠的楚國人做的精美的珍珠盒，鄭國人賣櫝還珠，形象表現了華麗的文辭會帶來與說話人期望達到的完全不同的目的。

故事本身對買賣雙方暗含的批評，其實是批評運用華麗語言和只顧語言華麗的人。

韓非不是爲墨子辯護，而是爲君主敲警鐘。在社會生活中，擅長言辭，說起話來天花亂墜的人很多。言語中聽就會打動人，君主需要透過語言的表象，看它實際的功用。如果無用，再華美的語言也是不能聽取的。生活是實實在在的，誰能泡在華美虛幻的語言中生活。買櫝還珠並非僅僅惹人一笑。

紙上談兵

如果君主喜歡這些人的花言巧語，讓他們擔任一定的職務，那麼恐怕沒有不失誤的。

孔子有兩個弟子，一個叫子羽，一個叫宰予。子羽的樣子長得很醜陋，宰予溫文爾雅又善辯。當初，孔子不喜歡子羽而喜歡宰予。時間長了，才知道子羽是個很有德行的人。宰予雖然善辯，但華而不實。並且，宰予還在白天睡大覺，惹得孔子很生氣，指責他說：朽木不可雕，糞土之牆不可塗抹。後來，孔子還很感慨地說自己：以貌取人，失之子羽；以言取人，失之宰予。

現在，社會上巧言辯說的人勝過宰予，而君主的昏庸，超過了孔子。如果君主喜歡這些人的花言巧語，讓他們擔任一定的職務，那麼恐怕沒有不失誤的。

歷史上有很沉痛的教訓，紙上談兵就是一例。

戰國時，趙國名將趙奢的兒子趙括從小學習兵法，談起來頭頭是道，即使是他父親也不是他的對手。趙奢曾說：「兵法關係到人的生死，趙括不過是紙上談兵。趙王不用趙括爲將則已，如果用他爲將，趙括一定會使趙軍慘敗。」

趙奢死後，廉頗爲趙將，與秦國在長平對壘。秦軍多次挑戰，趙軍都堅壁不出。秦軍就放出風來，說是秦軍不怕廉頗，怕的是趙奢的兒子趙括出任趙將。趙孝成王信以眞，令趙括取代廉頗。

藺相如勸諫道：「君主以名聲任命趙括，就像是膠柱鼓瑟。趙括只會讀他父親的兵書，不知道軍事上的應變。」趙括的母親也對趙孝成王說趙括不能擔任趙將。然而，趙孝成王聽不進去，讓趙括取代了廉頗。秦將白起聽說以後，設伏兵，假裝敗退，不僅切斷了趙軍的糧道，還把趙軍分割成兩部分，使趙國困守四十多天。面臨將士饑餓，趙括率精銳部隊出戰，自己被箭射死，幾十萬大軍投降後，被秦軍活埋了。

這是趙國最慘痛的長平之戰。

趙括善辯，趙孝成王以善辯任人，不講究實際，才出現這樣重大的失誤。

空談的根底

君主喜愛空談藉空談者，使此沽名釣譽，但是，君主蓄養他們除了有心理上的滿足之外，有害而無益。

按照常理，人們都知道空言無用，就像射箭而不設靶一樣，為什麼仍然會喋喋不休呢？

根本在君主身上。

君主喜歡這些辯說之詞，臣民也就迎合君主的趣味而上，以空言辯說為能事。君主這一喜歡就有了毛病，放任人們辯說，以致君主頒布法令，百姓就談文學非議法令，並以個人的行爲改變法令。君主的法令漸漸受到侵蝕，威嚴也削弱了，相反還尊重這些空談之士的智慧。

空談流行，君主容易被矇混，法術之士難以取捨辨別，損害的是國家。像當今之世，百姓都談治國，收藏商鞅、管仲治國之法的家庭不少，但國家貧窮，彷佛是說談論怎麼樣耕種田地的人很多，從事實際耕種的人少；百姓都談兵法，家藏孫子、吳起兵法的人很多，但軍隊更虛弱，是因爲談論兵法的人多，穿著鎧甲、拿著武器，浴血沙場的人太少。這樣下去，國家的法令也沒有什麼用處了。

君主喜愛空談藉空談者，使此沽名釣譽，但是，君主蓄養他們除了有心理上的滿足之外，有害而無益。

聽言察實

君主治國，法令是言論中最尊貴的、事情中最適當的。言論不可能在論辯雙方都是正確的，法令不能在相互矛盾的事情中都是適當的。所以，一定要禁止那些不符合法令的言行。

如果他沒有遵守法令，能揣度事物的發展方向，言行變化多端而能產生利益，那麼君主一定採納他的言論，並要他有工作實績。

君主對言論恰當，與實際相符的人，予以重賞；否則，予以重罰。這樣，愚昧的人害怕遭受嚴懲而不敢隨便亂說，聰明的人也不會糾纏言論的是非了。

——《韓非子·問辯》語譯

言論有是非，論辯因此而生。君主不必在言論本身兜圈子，倒可以以法控制言論。並對言論符合實際的人予以重賞，對言論不符合實際的人予以重罰。

這決不是爲了顯示君主的權勢，而是要杜絕空談，使人們圍繞實際社會生活思考問題，踏踏實實地工作。

君主在言論上的重賞、重罰是求實。看起來它好像針對了所有的言論，其實侷限在談論國家事務的言論上。國家是實在的，言論也應該實在。

濫竽充數

聽言觀行，最好是單獨進行，讓人真的顯示他的本領，真假虛實無從掩飾，君主也不會白白地受矇蔽。

「濫竽充數」是家喻戶曉的故事，說的是齊宣王喜歡聽竽聲合奏，每次要三百人一起吹。南郭處士請求爲齊宣王吹竽，齊宣王很高興，就讓他享有與其他吹竽的人一樣的待遇。齊宣王死後，齊湣王即位，他也喜歡聽竽聲。不同的是他要人們一一吹奏，自個慢慢欣賞。南郭處士見勢，偷偷逃走了。原來他不會吹竽。

濫竽充數現在用來比喻沒有眞實本領而混在有本領的人群裡充數，南郭處士成爲人們世代嘲諷的形象。

韓非子講述這個故事不是指責南郭處士，而是批評齊宣王用人不加選擇，南郭處士自稱能夠吹竽，就眞以爲他能夠吹竽，委以重任，使眞會吹竽的人和不會吹竽的人混爲一團，這是用來比喻說明君主用人的愚智不分。

君主把愚者和智者同樣對待，愚者會沾沾自喜，而智者則憤憤不平，時間長了彼此之間一定產生矛盾，攪得君主不得安寧。

濫竽充數是君主的教訓，它告訴君主，考察大臣應聽其言觀其行，不能只顧表面，頭髮、鬍子一把抓，初看去不錯，實際上錯在其中。

聽言觀行，最好是單獨進行，讓人眞的顯示他的本領，眞假虛實無從掩飾，君主也不會白白地受矇蔽。這樣，君主想用的人不但有本事，而且能和君主同心同德。

參驗

君主聽到議論大臣的話而不驗證落實，就沒有批評大臣的依據；不體察臣的言論是不是有實際作用，會使君主耳朵聽不清楚，眼睛看不清楚。

話說多了就容易使人相信，本來不眞實的事情，有十個人認爲可疑，一百個人認爲的確眞實，上千人就會迷惑不解。

口齒笨拙的人話說得對也被人懷疑，能言善辯的人說的假話也會讓人相信。不過，言論的眞假並不在於說得好聽還是不好聽。

奸邪的人要滿足自己的慾望，以便從君主那裡得到利益，要依靠公衆的輿論。以巧辯爲憑證，以和他奸邪行爲相類似的其他行爲作爲掩飾。君主對此，要進行綜合考察，細細分辨眞與假，是與非，名與實。不然的話，君主被大臣糊弄，君主的權勢就成了奸邪之臣用來行奸的工具。

賢明的君主聽了大臣的話一定要看是不是有用，要他按照所說的話去做並取得成績，然後按功過行賞罰，不讓空洞無用的言論留在朝廷，使那些不勝任的官吏自覺地放棄自己的職務。奸邪之臣有誇大之詞也沒有關係，不管他誇多大，君主指令言符其實，那麼，奸言巧詞終究要露馬腳，到那時候，奸臣逃脫不了罪責。沒有特殊原因而言行不一也算是假話，要治說話人的罪。

奸言巧詞大多披著漂亮的外衣，本來不是忠言而說是忠言，非博論而說是博論。所以，君主不要以自己的情緒爲轉移，高興也好，憤怒也好，都得體察入微，使忠臣、奸臣各得其所。

自然，君主不要讓大臣持模棱兩可的意見，如果他們像這樣，那就旣逢迎了君主，又使自己避免了罪過。君主要他們只發表一種意見，並且查實以後再行動，奸臣就無立足之地了。

三人成虎

君主是人們的言論最集中的地方，雖說是集思廣益，但也不能什麼意見都採納。而且言論一多，難免蕪雜，魚目混珠，需要君主識別，認清眞僞。

相傳，龐恭和魏太子到趙國的邯鄲去做人質。臨行前，龐恭對魏王說：「現在有一個人說市集上有老虎，您相不相信呢？」

魏王回答得很乾脆：「不信。」

龐恭又問：「如果有兩個人說市集上有老虎，您相不相信呢？」

魏王還是說：「不信。」

龐恭接著問：「如果有三個人說市集上有老虎，您相不相信呢？」

魏王說：「那我就相信了。」

龐恭拉開話題說：「市集上沒有老虎是人們都淸楚的，但有三個人說有老虎就使人相信市集上眞有老虎。現在，邯鄲距離您比市集距離您遠得多，談論我過失的會超過三個人，請您明察。」

當龐恭從邯鄲回到魏國，想見魏王，但魏王聽信了讒言，拒不見他。

龐恭講的「三人成虎」只是比喻，不幸被言中了，也是魏王不善於察言的結果。

察言的正誤在於參照比較，具體地檢驗，一人說是或者不是，衆人附和，容易使君主相信。如果大家說的是對的，倒也無妨。如果大家說的是錯的，君主必然會把假的當成眞的，使眞誠的、正確的言論不能傳達給君主。

君主一旦相信了假的，他的立場、眼光、處置的方法都會發生變化，而忠臣、賢士就不願爲君主所用了，君主想國家昌盛也不可能。

「三人成虎」足以作爲君主的鑑戒。

辨識圈套

君主考察大臣得有主見，如果別人說是就跟著說是，別人說不是就跟著說不是，那君主就會任人擺布，國家將失去重心。

齊國有個叫夷射的中大夫，一天參加齊王的宴請，醉醺醺地出來，靠在廊門旁邊。一個曾被砍去腳的守門人跪著求他賞賜。夷射怒叱他，說是你這受過刑罰的人，怎麼敢向年長的人求賞賜呢？夷射走了後，這個守門人在夷射站的地方灑了一團水，像是人拉的小便。第二天，齊王出來見了，責問是誰幹的。這個守門人說，昨天中大夫夷射站在這裡。齊王生氣，把夷射殺了。

夷射因爲傲慢帶來殺身之禍，齊王也沒有明辨是非，認爲夷射對君主不太恭敬，置他於死地。

魏王曾送了個美女給楚懷王，楚懷王十分高興。他的夫人鄭袖則顯得比懷王還要高興，凡是這美女喜歡的衣服玩具，任她挑選。懷王見此情景，喜上眉梢。

於是，鄭袖對這位美女說：「大王很喜歡你，但不喜歡你的鼻子。你見大王時就把鼻子掩上，那麼大王就會長期寵愛你了。」這美女按她說的做了。時間長了，懷王有些不解，問鄭袖：「新人見了我爲什麼總是掩著鼻子呢？」鄭袖先假意不知道，然後說：「她是不願聞到大王身上的氣味。」懷王一怒之下，令人把這美女的鼻子割了。

君主操生殺大權，一舉不愼，就會害人性命，傷害人的肢體，不是一件小事。而且，對君主自身也是有害的。人們從君主的行爲中，認識到他的昏庸、冷酷，會一天天疏遠他。

這樣說來，君主考察大臣得有主見，如果別人說是就跟著說是，別人說不是就跟著說不是，那君主就會任人擺布，國家將失去重心。

不要自埋禍根

君主聽了別人的言論，即使是自己寵信人的言論，也是應該考察驗證的。

君主聽了別人的言論而不仔細考察，遠則危害國家，近則危害自身。諸葛亮興師北伐，上表諄諄勸誡後主劉禪要有主見，多徵求意見，採納正確的，然後施行，不是沒有道理。

相傳叔孫在魯國擔任丞相，獨斷專行。他寵愛的豎牛，總是擅自假借叔孫的名義發布命令。

叔孫有個兒子叫壬，豎牛想害死他。就和壬到魯國國君那裡遊玩。魯君賞給壬一只玉環。壬不敢佩戴而要豎牛代他向叔孫請示。豎牛欺騙他說，叔孫要他佩戴。轉身，豎牛對叔孫說：「為什麼不讓壬見見國君？」叔孫說：「小孩子何必去見國君。」豎牛說，壬已經見過國君，還佩戴著國君賞給他的玉環。叔孫召見壬，一見那玉環就大發雷霆，下令把壬處死了。

豎牛又妒忌壬的哥哥丙，也想害死他。叔孫爲丙鑄了一口鐘，丙不敢敲擊而讓豎牛請示叔孫。豎牛故技重演，不爲他請示而欺騙他已經請示了。丙敲擊了鐘，激怒了叔孫，一氣之下把他驅逐了。後來，豎牛假裝爲丙向叔孫請罪，叔孫讓豎牛把丙召回。豎牛沒去召他而說丙生氣不肯回來，叔孫就派人殺了丙。

叔孫兩個兒子死了以後，自己病倒了。豎牛把他左右的人都支開，說是叔孫怕吵，只需他一人侍奉，實際上他連飯都不給叔孫吃，讓叔孫活活餓死了。豎牛也不發喪，把叔孫的財寶襲捲一空，逃到齊國去了。

叔孫的悲劇是專權和偏信，不在意豎牛言論的是非，有言必聽，放任豎牛一再耍陰謀，害死了自己的兒子，也使自己死於非命。

君主聽了別人的言論，即使是自己寵信人的言論，也是應該考察驗證的。他們說的話不會都是金口玉言、一貫正確。君主省去了考察驗證的功夫，就給自己埋下了禍患。

血不溶於水

血是血，水是水，假的終究是假的，再華麗的空談也會有現出原形的時候。

宰相必起於州縣，猛將必產生於卒伍。

空談不等於實際，重視空談不如重視實際。劍鋒不鋒利，看它能不能斷物；馬好不好，看它能不能駕車奔跑；官吏愚蠢還是聰明，看他能不能建立功業。這些說明實踐是檢驗事物的標準，也是檢驗人的標準。

有盤石千里，算不上富裕，不是盤石不大，而是盤石上生長不出糧食，對人的富裕沒有什麼幫助；有百萬木偶人，不能說是強大，不是它們的數量不多，而是木偶人不能夠作戰抗敵。社會上商人們花錢買官做，不耕種就有飯吃，跟那不能種莊稼的盤石相類似；儒生、俠士沒有功勞卻尊顯，他們沒有實際的作用，就跟木偶人差不多。君主沒有認識到這種相似性，主要是只注重表面現象，爲假象迷惑。

血是血，水是水，假的終究是假的，再華麗的空談也會有現出原形的時候。話雖這麼說，但大到一個國家，小到一個部門，一個家庭，即使經得起空談的摔打，也不能夠以時間精力、物質金錢去交昂貴的學費。況且，弄不好就有垮台的危險，使人後悔莫及。像趙括長平一戰，使趙國大傷元氣，又能夠怎樣呢？

這樣的事情總在發生，諸葛亮用馬謖，痛失街亭，也是相信了馬謖善談兵法，使蜀軍受挫。人們常常把諸葛亮視爲智慧的化身，他都有過這樣的失誤，足見空談有時確實使人難以分辨。

從這裡來說，君主對華麗的言辭應該有足夠的重視，毫不猶豫地因名責實，使空談沒有市場。

說難

大凡遊說的困難，並不在於我懂得事理，而用這些來勸導君主；又不在我善於分析事理，能夠表達我的思想觀念以及我敢於馳騁口才，能夠完全地袒露心胸。遊說的困難是遊說者懂得君主的心理，用自己的言辭去適應他。

——《韓非子・說難》語譯

言論雖然符合法則，但不一定被採納；義理雖然全面純粹，但不一定被運用。君主如果認為這些不真實，那麼，小則被視為蓄意攻擊，大則會導致災害禍患，使自己面臨死亡。

——《韓非子・難言》語譯

君主有君主的心思，眼光、權衡和勢利，遊說君主眞是一椿難事。

遊說者沒有幾把刷子不行，搞不好，幾下子就理曲辭窮；鋒芒太露也不行，君主的內心全讓你猜透了，他居廟堂之高不也太淺薄，他無寧日，你也就沒有寧日。

遊說終究要說，要揣摩形勢、對象，戰國時，以遊說爲職業的人多得不得了，哪一個不揣摩。一人之辯勝於九鼎之寶，三寸之舌強於百萬之師，是遊說中的勝利者。朝爲布衣，夕爲卿相的輝煌，也眞叫世人刮目相待。

這是以自己的意志動搖了君主的意志，以自己的思想取代了君主的思想。然而，也有自己的意志不能動搖君主的意志，自己的思想不能取代君主思想的時候，蘇秦、張儀，是赫赫有名的說客，蘇秦遊說秦惠王，勸他用武力兼併天下，振振有辭，舌乾唇燥，衣服磨破了，金錢花光了，敗興狼狽而歸。張儀說楚，與楚相同酌共飲，何等榮耀，依靠三寸不爛之舌卻不能爲自己辯護沒有偸楚相的璧玉，挨了一頓痛打。遊說難哪！

一言既出，駟馬難追。榮耀，恥辱，生存，死亡，都可能發生。彷彿不是在一瞬間，又像在一瞬間，令人嗟嘆。

君主不妨站在遊說者的立場上反思，自省，減少過失以利國家。

言辭的分寸

遊說的困難，在於說話的分寸。誰不願意走順風，划順水，聽美妙動人的話呢？但遊說君主，口若懸河，既合理又中聽，未必就抓得住君主的心，不被他認爲是嘩衆取寵，華而不實。

換一種方式，言辭樸素，不拐彎抹角，可不可以，當然可以。說起話來忠厚誠實、恭敬嚴肅，雖然謹慎，但像巷子裡趕豬一般，直來直去，也不一定正中君主下懷，以致被他認爲是笨拙而不合道理。

把一句話化成幾句，不厭其煩地用類似的事加以說明，會被認爲是空口白話，沒有實際作用；把想說的話進行高度概括，捨去旁枝末節，簡單、直截了當地陳述思想的菁華，會被認爲表達模糊，不善於辯說。

談論起來旁徵博引，道理玄妙高遠，難以捉摸，會被認爲是言辭虛浮誇張，沒有實際的作用；拘謹些，何必談大談遠，只說日常家務，柴米油鹽，緩緩道來，但又會被認爲是淺薄。

言論貼著生活，接近世俗，不露鋒芒，委婉恭順，會被認爲是貪生怕死，阿諛媚上；言論遠望生活，不通世俗，浮躁、超脫、奇怪，會被認爲是怪誕不合實際。

口齒伶俐，言辭敏捷，文采華麗，會被認爲是文采太盛，內容蒼白；不要文采，只談內容，會被認爲太質樸無華。

遊說難哪！

何止上述？

言辭激切不得，親近不得；人情探知不得，疏遠不得，……

不左不右，不偏不倚，遊說者想迎合君主，以宣揚自己的思想主張，誰能走好這樣的鋼絲。也許當他正走這條中間道路上的時候，君主需要的是或左或右，或偏或倚，於是他還是走歪了。

君心難測

遊說難，難在知道君主的心思，遊說者真要有勇氣和膽略。

君主想的是高名美譽，遊說者以重利來勸說他，要他重利而輕名，那麼，君主會認爲遊說者志向、節操卑下，給他低賤的待遇，把他的思想主張拋得遠遠的。

君主想的是重利，遊說者勸他建立高名美譽，那麼，君主會認爲遊說者沒有頭腦，遠離了現實生活而不予錄用。

君主暗地裡喜歡重利而表面上裝出追求高名美譽，遊說者用建立高名美譽來勸說他，那麼，國君顧全面子，表面上任用他，實際上疏遠他。如果用重利來勸說他，君主會暗地裡採納他的言論，表面上則拋棄他。

僅僅是這樣還不打緊，不合君主口味，言論聽不進去，主張不被採納也就算了。還有遊說者想算了卻不能算了的。比如：

君主總有些隱密的事情，洩漏了就會失敗。不是遊說者洩露了君主的秘密，而是談論時無意觸及。

君主表面上做的事只是一個招牌，實際上是藉這件事要辦成另一件事。遊說者不僅知道他表面上做的什麼，而且知道他爲什麼這樣做。

君主規劃一件奇特的事情很妥當，聰明的人猜測出來了，洩漏給人們。君主會認會是遊說者洩露的。

君主廣泛的恩惠不深厚，遊說者和他談論起來推心置腹。所說的能夠被君主施行而見成效，那麼遊說者的恩德會被遺忘；如果所說沒有實行而失敗就會遭到懷疑。

遊說者觸犯了上述任何一條，生命的危險就會降臨。

不跟國君深談不是，跟國君深談也不是；言論不正確不好，正確了也不好。做大臣的不忠於君主應當處死，爲君主謀劃，言論不正確也應當處死。韓非這樣說，以前的范睢、張儀等人也這樣說。

遊說者眞要有勇氣和膽略。

老虎屁股摸不得

遊說者去遊說君主，不說戰戰兢兢、如臨深淵，如履薄冰，總該謹慎、小心，言出宜當。

遊說者談論君主的事情，萬一不妥當會危及生命。其實，危險不限於此，談論中有些人也是老虎屁股摸不得的。

人不是聖賢，誰能沒有過失，有了過失批評批評也沒有什麼不行的，但君主身邊的貴人不能批評。貴人有了過失，遊說者明白地用禮義來衡量他們的行為，指出他們的缺點，造成他們怨恨，使遊說者有生命危險。

貴人處事，有時得計而想獨自據為己功，遊說者也想到了。雖然是無意，或者並不想在貴人的功勞簿上插上一筆，但會被認為是搶功，引起嫉恨。

和君主談論大臣的是非曲直總是有的。這也許會啓發君主的疑心，懷疑他在挑撥離間，破壞君臣之間的關係。

和君主談論左右地位低下的人，君主會認爲他在依仗自己，出賣自己的權勢。

和君主談論他所寵愛的人，君主會認爲他是要把這些人作爲自己的靠山；和君主談論他所憎恨的人，君主會認爲他是在試探自己。

看來，君主身邊的人也不是可以隨便談論。遊說者也許有一個職位，只想推行自己的主張；遊說者也許沒有職位，想通過遊說求職以推行自己的主張，大概都不會願意因爲自己言論的失誤，丟掉飯碗或失去將要得到的飯碗，甚至人頭落地。

遊說者愚鈍笨拙不行，瑣碎囉嗦不行，懦弱不把心裡話說完不行，粗野傲慢不行。遊說者的道路看起來很寬很寬，其實行走起來是很狹窄的。

遊說者去遊說君主，不說戰戰兢兢、如臨深淵，如履薄冰，總該謹愼、小心，言出宜當。爲君主計，也爲自己計。

龍有逆鱗

龍的逆鱗在明處，君主的逆鱗在心裡，遊說者不能不洞察君主的愛憎。否則，不自覺觸犯了逆鱗，欲榮反辱，欲福反禍。

龍，溫柔起來可以親近、騎著玩耍。但它喉嚨下有徑長一尺的逆鱗，如果有人觸動了它，溫柔的龍會變成凶猛吃人的龍。君主也有逆鱗，遊說者不觸動君主的逆鱗，也就差不多了。

龍的逆鱗在明處，君主的逆鱗在心裡，不是遊說者熟知而能把握的。觸動者就會身首異處。

春秋時鄭武公想征伐胡國，先把自己的女兒嫁給胡國的國君做妻子，使胡國的國君高興愉快。然後鄭武公問群臣：「我想用兵，可以去攻打哪一個國家？」大夫關其思回答說：「可以去攻打胡國。」鄭武公大怒，說道：「胡國和我國情同兄弟，你說可以攻打，是什麼意思？」說完，下令把關其思處死了。胡國的君主聽說了這件事，認為鄭國和自己很親近，對鄭國沒有任何防範，結果，鄭國襲擊胡國，消滅了它。

實際上，關其思的話是對的，他的命運這樣悲慘，主要是道破了君主的秘密。不該道破而道破，也就觸動了君主的逆鱗，使自己成了君主戰略上的犧牲品。

韓非還講了這樣一則故事：

從前，衛靈公寵愛彌子瑕，衛國有一條法令，私自駕駛國君車子的人就砍斷他的雙腳。彌子瑕的母親病了，有人連夜通告他。他假託君命駕君車而出。衛靈公聽說很讚賞地說：「彌子瑕眞是孝順啊，為了他的母親，忘記他犯了應砍斷雙腳的罪過。」又有一天，彌子瑕和衛靈公一起在果園裡遊玩，彌子瑕吃到一個很甜的桃子，留了一半給衛靈公吃。衛靈公說：「彌子瑕眞是愛我呀！自己捨不得吃而給我吃。」到彌子瑕衰老了，衛靈公不再寵愛他。一次，他得罪了衛靈公，於是衛靈公說：「這個彌子瑕，曾經假託我的名義駕我的車子，並且還把他吃剩的桃子給我吃。」其實，彌子瑕前後的行為沒有變，衛靈公以前認為他有德行，既孝順母親，又尊愛君主，而現在以他同樣的行爲來怪罪他，是衛靈公的愛憎感情變化了。

遊說者受國君寵愛，他的智謀得當君主就會更君親近他遭國君怨恨，他的智謀不合，君主就會怪罪而更加疏遠他。遊說者不能不洞察君主的愛憎。否則，不自覺觸犯了逆鱗，欲榮反辱，欲福反禍。

愚者難說

愚者難說，因爲愚者不認爲自己愚蠢，他抱定自己的見識而不知道那是一種偏見。

最聰慧的遊說者不一定能使最聖明的君主採納自己的主張，據說歷史上有這樣的事。商湯聖明，伊尹聰慧，伊尹無數次遊說商湯，都不被任用，無可奈何，只好去做廚師爲商湯掌鍋鏟勺子，藉機親近商湯，商湯慢慢知道他有德有才，這才任用他。

聰慧的遊說者遊說聖明的君主是這樣不容易。好在終究還能彼此溝通，商湯任用伊尹是肯定他的品德和才能，要採納他的主張。如果遊說者聰明，君主愚蠢昏庸，那麼，遊說、勸諫一定不會成功。這就是「愚者難說」。

西伯曾勸商紂王不要橫征暴斂，花天酒地，說像這樣下去，國家就會混亂。商紂王哪裡聽得進去，我行我素，還把他囚禁在羑里。比干實在看不下去了，想到做臣子的，在君主日益荒淫的時候，即使規勸君主有生命危險，也顧不了，況且勸諫不用而死，是臣子最大的忠誠。他強硬地勸諫商紂王，商紂王發脾氣說：「我聽說聖人的心有七個孔，是不是眞的呢？剖開看看吧。」於是把比干的胸膛剖開，觀看他的心。

雖說遊說者以此盡節盡忠，但這畢竟是他們最爲慘痛的後果。不是他們不審時度勢，而是他們在審時度勢時把國家、百姓的利益放在首位，這和愚蠢的君主把自我的利益、享樂視爲高於一切的事情是矛盾的，遊說者不能迎合君主，還要君主放棄自己的思想和行爲，那就只有自取滅亡了。而這樣的君主會導致國破身亡，商紂王就是如此結局。

還有不夠體察忠臣、深謀遠慮的愚惑。

魏相公叔痤曾在病危的時侯，對前來探望的魏惠王說：「我手下的公孫鞅，年紀雖然很輕，但有奇才，希望您在我死後任命他爲魏相，用他治國。」魏惠王沉默不語。公叔痤斥退左右的人，悄悄地說：「您如果不任用他，一定要殺死他，別讓他離開魏國。」魏惠王口裡答應，心裡不以爲然，離開公叔痤後，他對身邊的人說：「公孫痤要我在治國上聽公孫鞅的，也太糊塗了。」後來這個公孫鞅就是歷史上著名的商鞅，他到秦國輔佐秦孝公變法圖強，爲秦成霸業立下了汗馬功勞。

愚者難說，因爲愚者不認爲自己愚蠢，他抱定自己的見識而不知道那是一種偏見。

愚蠢的君主有自己的個性，尊嚴，當他沉迷於個人的偏見，他的頑固和偏執是可想而知的，遊說的困難也是可想而知的。

欲成功者須知

想遊說成功，遊說者的根本是自己站穩腳跟。

遊說雖然困難，並非所有的遊說者面臨的都是一條失敗的道路。蘇秦曾經失敗，後來掛六國相印的不也是他嗎？

想遊說成功，須知：

怎樣粉飾所遊說的君主的驕傲自豪而消除他的羞恥。當他私自有某種急需而缺乏勇氣的時候，一定用他的私行符合公共的道理來開導他，鼓勵他。

君主的思想傾向卑下而不能自我控制，遊說者多說這種思想的好話，表示對他不去施行的不滿。當君主心似天高，實際上又達不到，遊說者就爲他指出這種思想的失誤和弊病，稱讚他不去做的行爲。

君主想誇耀他的智慧才能，遊說者就爲他列舉同類的其他事情，多爲他提供材料，使他採取遊說者的說法，而遊說者假裝不知道以資助他的智慧才能。

遊說者想使君主接受與他人彼此相安無事的主張，就一定要冠以美名，並暗暗表示與人相安無事也符合君主的個人利益。

遊說者想爲君主陳述危害的事情，就明確地批評這些事情，暗暗地表示這些事情也是君主的禍患。

讚揚另一個人和君主相同的行爲，規劃另一件君主也在規劃的事情，也就是在間接地讚揚君主，間接地幫助君主。

如果別人有和君主同樣污濁的行爲，遊說者就一定大力粉飾，表明那沒有什麼危害；如果別人有和君主同樣的失敗，遊說者一定要明確地說那沒什麼過失。

君主炫耀自己的力量，遊說者不要以他辦不到的事情衡量他；君主自己勇於決斷，遊說者不要以他的過錯惹怒他；君主自以爲他的計謀是聰明的，遊說者不要以他的失敗使他難堪。

總而言之，遊說者遊說的大意要不違背君主的思想，言辭溫順沒有牴觸，然後放縱自己的智巧辯說，按照這種方法，遊說者可以親近君主而不被懷疑，藉此他也可以把滿肚子的話倒出來。時間長了，君主親近，恩澤深厚，到那時候，遊說者爲君主深入策劃，君主也深信不疑，據理爭諫不會遭處罰，就可以公開爲君主分析利害以成就功業，直接指出君主處事的是非以修飾他的品行，彼此能夠這樣相待，那遊說者就成功了。

說來說去，遊說者要先迎合，拋棄自己的是非，以君主之是爲是，以君主之非爲非。到親近了君主，取得了信任，再認認眞眞地論列是非，出謀劃策，言論容易被接受，對自己也沒有什麼危害。

看來，遊說者的根本是自己站穩腳跟。

防奸

奸臣

奸臣有五種奸邪的行為，賢明的君主是應該知道的。

它們是：用錢財施行賄賂以取得個人的名譽，謀求賞賜而轉手給予別人，結黨營私以求個人的通達，解除他人的勞務，赦免他人的罪過以形成自己的威嚴，穿著漂亮的衣服、隨人毀譽，發表奇談怪論以迷惑百姓。

這五種行為，賢明的君主認為似是而非，聖德之君則要加以禁止。君主捨棄了它們，那麼，言辭狡詐的人就不敢誣陷妄說了。群臣居則修身，動則勤勞，沒有君主的命令不敢隨便亂說，聖德之君就是這樣治理群臣的。

——《韓非子·說疑》語譯

防奸，是君主時時刻刻會面臨的一個問題。君主爲國，奸臣爲私，公私不兩立，爲私者必然損公。小則只求把財富裝滿自己的腰包，弄點美名佳譽；大則要篡奪國家權利，取君主而代之。

奸臣暗中行奸，也許君主不易覺察。君主的防範必須公開利用自己的權術，嚴禁一切不合法的行爲，諸如賄賂、結黨營私等等。把任何人的奸邪行爲都消滅在萌芽狀態，使朝廷中沒有奸臣，群臣眞正的居則修身，動則勤勞，那不僅是群臣得到了治理，而且國家或天下也得到了治理。

慾壑難塡

人有常道：安利避害。經商能獲千金之富，何樂而不為？臨淵有性命之危，自然退以全身。君臣之道，也在安利避害。

奸臣擅權，利與害的關係就完全變了。

本來，忠臣出謀獻策，百官嚴格執法，建立功業，都應該褒獎，結果是他們的家庭貧寒，父子遭禍害。相反，奸臣矇蔽君主，施行賄賂籠絡、收買權勢很大的臣子，使自身顯貴，家庭富裕，父子享受君主的恩澤。

爲國爲君無利而有害，爲己爲私無害而有利，這是很不正常的。它改變了人們的利害觀念，既然忠誠守法不能安利避害，何不反向追求，見他人勾結自己也去勾結，他人行奸自己也去行奸，正道直行的品行，國家的法令都被捨棄了。

按此發展，社會沒有規矩和道義，人們不再以國家和君主爲重，而是以自我爲重。凡是對自己有利的無所不爲，管什麼國家和君主。在君主高舉的國家旗幟之下，聚集的是一大群利慾薰心的人，奸臣層出不窮。

忠君執法之臣就少了，即使他們不附和世俗以趨利避害，奸臣也容不得他們的忠誠，以免妨礙自己行奸蔽主，使自我的利益受到損害。因此，君主彷彿處在孤島之上受奸臣的擺佈，奸臣想做的事少有不能成功的。

二心之臣

君令臣行，大臣不能有二心。君主用臣不能不深思熟慮，慎重選擇，使所用的大臣守法，依法行事。

大臣順從君主的行爲，執行君主的法令。在朝廷中，不嫌官職卑賤而不就任；接受軍事任務，不因路途遙遠、戰爭危險而推託困難。虛心待令，令下即行，絕對服從，堅決果斷，也就沒有是非了。

大臣的口和眼睛都屬於君主，爲君主說話，爲君主明察事物，不爲自己。打一個比方：大臣好像是君主身上的手，上以修頭，下以修腳。有清暖寒熱侵入體內，就設法擺脫；有快劍利刃加身，就把它撥開。就是這樣護衛君主，保君主健康，使君主穩穩當當地坐在他的位子上。

大臣要完全在君主的控制下，不要去和賢能聰明的人交往，以妨礙君主對他們的任用。

有五種二心之臣：

- 輕視官爵俸祿，隨便來來去去，選擇他想侍奉的君主。
- 說假話、說大話，和法令背道而馳，違反君主的意願，強行規勸他應該怎樣，不應該怎樣。
- 廣行慈愛，普施利益，收買人心，自取美名。
- 離開喧鬧的社會、火熱的生活，隱居山林湖澤，得一方清靜，享自我安寧。
- 對外勾結諸侯，對內消耗國力，窺探到危險的時候，故意藉此恐嚇君主，對君主說：「交結諸侯不是我不盡力親近他們，百姓有怨恨也不是我不爲君主分憂，消解他們的怨恨。」君主竟然相信他，聽取他的治國方略。而他降低了君主的身份，顯揚了自己；損害了國家的利益，飽了私囊。

這樣，君主用臣不能不深思熟慮，慎重選擇，使所用的大臣守法，依法行事。

四擬

賢明的君主不用疑惑的事情考察自己的大臣們，見到似是而非的事情都要在自己的腦子裡過一過，想一想，撥開迷霧，看到事情的本來面目。

君主不一定能夠控制人的所有行爲，一些人喜歡以非爲是，至少有這樣四種：本不是太子而擬爲太子，原是妃妾而擬爲正妻，不是國相而擬爲國相，並未得寵而擬爲得寵。魚目混珠，這就麻煩了。

在宮內，妻妾並寵，朝廷上君臣兩立，假太子、假國相自己把自己弄得跟眞的一樣，必然使君主、大臣以及百姓都迷惑了。

家無二政，國無二主，如果兩套鑼鼓一起敲，那麼，群臣百姓只得目瞪口呆，聽誰的呢？聽誰的都對，聽誰的都不對，而君主也不可能兩面都看清楚，萬一造成了眞與假並立的局面，只會給自己找難堪。

賢明的君主對這種現象有所防備：不寵愛小妾而冷落妻子，不讓妃妾生的兒子做太子，不尊重小臣而輕視上卿，不重模仿君主的大臣。把這些人彼此之間的關係理順，尊則尊、卑則卑，假擬的人物就不存在了。

君主破了四擬，君臣就同心同德了。

奸臣滋生的根源

君子不辨不能驗證的事情，遠聽近觀、考察施政的得失以及相應的意見，看內外的吻合與矛盾，事情的前因後果是不是一致。

人都有趨利性。

鱔魚像蛇，蠶像毛毛蟲，人們見到蛇就害怕，見到毛毛蟲汗毛都豎起來了。但打魚的人手拿鱔魚，婦女養蠶，沒有一點害怕的感覺，都是因爲有利可圖。不僅如此，醫生和病人非親非故，卻用口吮吸病人的傷口；製造車子的人想人富貴，製造棺材的人想人死亡，不是製造車子的人仁厚而製造棺材的人狠毒，人不富貴車子賣不出去，人不死棺材賣不出去，還是爲了圖利。

奸臣侵權，打君主的主意，也是因爲有利。他們得了君主的寵信，就可以借助君主的權勢或者依仗君主賜予的權力，爲自己以及親朋好友謀利益。

甚至君主的后妃、太子也希望君主早一點死去。除了他們彼此之間的矛盾因素，在和睦相處的情況下這樣想不是出於憎恨，而是君主不死，后妃、太子的權勢不重。權勢不重則利不大，所以，對於他們來說，君主死得越快越好。

人都趨利，君主貼身的大臣、侍者也會爲自己謀利益。君主要防備他們當面一臉笑，背後耍陰謀，以免不知不覺失去了權柄。因此君主不辨不能驗證的事情，遠聽近觀、考察施政的得失以及相應的意見，看內外的吻合與矛盾，事情前因後果是不是一致，從而看這些人是盡忠還是行奸，爲公還是爲私。

君主要看到人趨利的心理和行爲，掌握它，化不利爲有利。

寵信之弊

疑人不用，用人不疑，但君主用人，不能過於寵信，一旦如此，表面看起來是信賴大臣，君主處理政務可以輕鬆一點，其實會被所寵信的人控制，尤其是寵信奸臣。

奸臣和君主之間沒有骨肉之親，他甘心侍奉君主，其實是因爲自己做不了君主，只得屈居君主之下。然而，他們時刻都在窺探君主的心，鑽君主懈怠、傲慢不察下情，謀私、蠶食君主的權力，甚至篡奪君主的權力。

不僅如此，奸臣還會利用君主妻子、兒女的關係行其奸。

李兌輔佐趙公子成，在他哥哥公子章叛亂的時候，趁勢圍困了趙武靈王。公子章被殺，李兌和公子成合謀：「因爲公子章的緣故圍困了君主，馬上撤兵，我們就會被斬盡殺絕了。」於是，他們把宮裡的人都趕了出來，唯獨不放趙武靈王出來。趙武靈王被關在宮裡，沒有吃的，靠捉小麻雀吃來維持生命。挨了三個多月，就餓死在沙丘宮。公子成謀自己的私利，被李兌利用了，使李兌專權。

兒子和父親這麼親近的關係都不可信，還有什麼人可信呢？

韓非說的其實是特例，奸臣利用君主的妻子、兒女，還要他們會被利用，這往往是被此有共同的利益牽扯，你利用我，我利用你，只說是奸臣藉君主妻子、兒女之勢，做自己的勾當。

奸臣被用，君主遭殃

奸臣的權勢越重，黨羽就越多，惡性循環，君主小則名卑地削，大則身死國亡。

奸臣被用，史不乏例。齊桓公任用的豎刁、易牙就是很好的例子。他們思小利而忘法律道義，進則掩蔽賢良以矇蔽君主，退則擾亂百官製造禍亂，最終是君主沒有什麼好結果。

奸臣被用，是君主沒有明察，昏庸君主不必說，賢明的君主用了奸臣，至少是一時的糊塗。齊桓公用管仲，稱霸諸侯的時候，是何等的神氣；用了豎刁、易牙之後，朝政衰敗，自己死了，屍體腐爛生了蛆，該是多麼的悲哀。

奸臣被任用，是因爲君主不用權術來駕御他們。本來，君主就不知道這些人在怎麼想，怎麼做，只以公衆的輿論爲依據。大家都稱讚的人，就自然寵信；大家都批評的人，也就怨恨。於是，君主輕易地把國家權力交給那些不知道底細的奸臣。

這些奸臣內外勾結，用爵祿作爲誘餌，用權勢作爲威嚇的大棒，明裡，暗裡，順從他們的人就給好處，逆反的人就遭災。在這種情況下，誰願意避利取禍呢?大家都歸附他們，頌揚之聲被君主聽到了，君主一定會認爲他們賢能。他們又派能言善辯之士出使諸侯，以辭令威嚇，用錢財收買，讓諸侯對他們的稱譽一浪高一浪，君主會認爲他們是天下的賢士。於是，君主給他們高官厚祿，這些奸臣的權勢越重，黨羽就越多，惡性循環，君主小則名卑地削，大則身死國亡。

到那時候，君主即使意識到用人不當之患，也無濟於事。

八奸

大臣成為奸邪之人有八條途徑：一是同床，二是在旁，三是父兄，四是養殃，五是民萌，六是流行，七是威強，八是四方。

這八條，是大臣所以能夠成為奸邪，君主所以被矇蔽、被奪權、失去他所擁有的一切的原因所在。君主是不能不看到這些的。

——《韓非子·八奸》語譯

君主怎麼也不會希望大臣成爲奸邪之人，以致受他們的欺侮。但是，君主愛護、使用他們的方法不當，或者是不能覺察他們阿諛奉承、迷惑君主的行爲，就會促進他們成爲或者是加速成爲奸邪之人，威脅到君主的地位。到君臣關係顚倒過來，君主悔恨得捶胸頓足也是沒有用的。

君主不能到了有惡果才找原因，淸查問題出在什麼地方。因爲那時候這樣做，很有可能是白搭，所以，君主必須警惕，自己周圍的人，讓他們爲自己服務，而不是挖自己的牆角，甚至逐漸地吞噬自己。

韓非說的「八奸」，就是爲君主敲警鐘，告訴他們怎樣識別奸臣，怎樣避免大臣的奸邪。

看「八奸」吧。

「同床」，「在旁」

在人情與享受中，君主的意志和個性被軟化了，使君主改變主張。藉這種時候辦事，表面上是愛君主，其實是害君主。

「同床」：

把夫人看得金貴，一點也不馬虎；溺愛孩子，含在口裡怕化了，捧在手上怕飛了；寵愛漂亮的女人，左姬右妾，這是君主的迷惑。

夫人、孩子、姬妾，她們藉主安樂享受、酒足飯飽的時候，提要求，要待遇，達到自己的目的。這時的君主沉醉在歡樂中，昏沉沉，不加思索，對她們的話無不聽，計無不從。

大臣在朝廷內不是忠心耿耿爲君主效勞，而是以金銀珠寶賄賂君主，使君主被財寶迷惑，不分他們的做法是盡忠還是行奸。

「在旁」：

在君主身邊調笑、滑稽的侏儒小人和在君主左右親昵猥狎的人，不等待君主的命令就連聲應承，還沒有指派他們就趕緊同意。不是他們沒有思想，而是藉機觀察君主的顏色，猜測出君主的心思。

君主想進取，他們和君主一起進取；君主想退讓。他們和君主一起退讓，君主下命令時馬上響應，君主詢問時立刻回答。衆口一辭，大家一心，只圖改變君主的思想。

這還不算，大臣在朝廷內用金銀珠玉和玩物討好君主，在朝廷不遵守法令，用自己的行爲感染君主，使君主處事不明。

君主也有人情，人情卻影響君主，君主也愛享樂，享樂卻害君主。在人情與享受中，君主的意志和個性被軟化了，使君主改變主張。藉這種時候辦事，表面上是愛君主，其實是害君主。

君主身邊的人做君主的應聲蟲，看起來恭恭敬敬，忠心無二，其實，他們表面上不爲自己，背地侵蝕君權，壞了法令。

「同床」與「在旁」是爲君主挖陷阱。

「父兄」，「養殃」

對於「父兄」與「養殃」之術，君主不能不防。關鍵是君主要有所節制，若一味追求，沒有止境，奸臣迎合君主的追求，會背著君主為所欲為，使自己得到了滿足。

「父兄」：

君主寵愛妃子、公子，與大臣、官吏商量國家事務，大臣、官吏竭盡思慮，出謀獻策，君主採納他們的意見。待奉妃子、公子的人，說動聽的話收買了大臣、官吏和他們在一起議事，事成了可以加官晉爵，增加俸祿，於是他們得到鼓舞、精神振奮，逐漸地侵犯君主。

「養殃」：

君主喜歡把宮室台池修建得富麗堂皇，喜歡把兒子、女兒以及狗、馬這些玩物打扮得漂漂亮亮，這就是君主的禍害。

不是別的，群臣會利用君主這種愛好，搜刮民脂民膏修建宮室台池，加重賦稅所得爲君主打扮兒子、女兒以及狗、馬這些玩物，使君主感到高興而迷惑了他的心。於是，群臣放縱自己的慾望，趁機謀求個人的私利。

心術不正的大臣總在暗裡窺視，接近君主或者直接收買君主有困難吧，就換一種方式，討好子妃子、公子，接近或收買掌握國家權力的重臣也是可以的。就像直道之外還有彎路，從甲地到乙地，直道走不通，就走彎路，無非是多拐幾彎。心術不正的大臣就是這樣做。之所以把這種稱爲「父兄」，是因爲朝廷重臣不是君主的伯父、叔父，就是君主的異母兄弟。堡壘是容易從裡而攻破的。

君主有愛好不是什麼過錯，奸臣利用它們以濟私慾也很自然，關鍵是君主要有所節制，若一味追求，沒有止境，奸臣迎合君主的追求，會背著君主爲所欲爲，使自己得到了滿足。結果是君主自己養育了禍殃，危在旦夕還矇在鼓裡。

對於「父兄」與「養殃」之術，君主不能不防。

「民萌」，「流行」

警惕「民萌」與「流行」。君主身為一國之主，應該團結群臣、群策群力，治國治民。

「民萌」：

大臣散發公家的財產讓老百姓高興，施行小恩小惠收買人心，使朝廷內外，街頭巷尾都稱讚、歌頌自己，矇蔽了君主而達到自己的目的。

「流行」：

君主深居簡出，不談國事，很少聽取群臣對國事的認眞討論，卻又容易被花言巧語打動，改變國家的方針、政策。於是，大臣會在諸侯中去尋找善辯之士，供養會說話的人，讓他們在君主面前爲自己說話。

這些能言善辯的人在君主面前用社會上流行的言辭夸夸其談，爲君主陳說形勢、利益，以禍患、災害恐嚇君主，其實是用假話、大話損害君主的利益。

韓非認爲，百姓是君主的百姓，而不是大臣的百姓，施德買義是君主的事，大臣這樣做，無形中孤立了君主，使君主和百姓在感情上有了距離。百姓的心思會較多地向他們所感恩戴德的大臣傾斜，君主在矇蔽中被架空了。那麼，大臣會行使君權，君主的權力實際上讓給了大臣。

君主身爲一國之主，應該團結群臣、群策群力，治國治民。君主不親理國事是君主的弊病，思想上的意念容易被花言巧語動搖，正確的被說成錯誤的就認爲是錯誤的，錯誤的被說成正確就認爲是正確，於是只要誰左右應對，口若懸河，誰就可以在君主面前顚倒黑白。

當局者迷，旁觀者清。君主也許不知道他的弱點，大臣知道並會利用這一點。有權有勢，有錢有財，把能言善辯之士收在自己門下不是很容易的事嗎?那麼，私事也可以辦得冠冕堂皇。

警惕「民萌」與「流行」。

「威強」，「四方」

君主要靠群臣和百姓才有威强。君主要保持威强，才能夠保國家、安百姓，穩江山。

「威強」：

君主要靠群臣和百姓才有威強。既然如此，君主要和他們一條心，言論一致，行爲吻合。群臣、百姓喜歡的，君主也喜歡；群臣、百姓不喜歡的，君主也不喜歡。但是，臣子收羅劍客俠士，養一些敢爲他送命的人來顯示自己的威風，爲他辦事的人給好處，不爲他辦事的人一律處死，以此恐嚇群臣和百姓，建立自己的勢力範圍。

「四方」：

君主，如果統治的國家小的話，那就會侍奉大國；如果軍隊柔弱的話，那就侍奉大國，如果軍隊柔弱的話，那就會害怕強大的軍隊。大國索取什麼東西，小國一定要聽從；強大的軍隊攻打來了，柔弱的軍隊一定會繳械臣服。

大臣加重賦稅，把國家倉庫裡的財產都拿去侍奉大國，國家空虛，而他們用大國的威風，震驚君主。大國厲害的時候，發動軍隊聚集在邊境上，控制小國，收取賦稅；輕微的時候，派使節威脅小國的君主，使他害怕。

君主要保持威強，才能夠保國家、安百姓，穩江山。大臣威強的出現，是君主掉以輕心或者是寬容放縱，使大臣擴充了勢力，養一幫效死命的人。這幫人爲他效命也就不會爲君主效命；這幫人全心維護他，也就削弱了君主。這樣的大臣是君主的逆臣。君主要提防他們。

小國被大國控制，小國的君主就不自在。不想服從又不得不服從，況且，奸臣以國家所有的財物去填大國難以滿足的慾壑，小國的君主有國而無財；大臣又加重賦稅，使君主失去民心，還有那軍隊壓境，使節傳令，君無寧日，國家也無寧日。

出現「威強」和「四方」的局面，君主的日子就不好過了。

法術之士與權臣

能夠以術治國的人，一定是高瞻遠矚，明察秋毫，如果不明察秋毫，就看不清權臣的私心。

能夠以法治國的人，一定堅毅剛直，如果不剛直就不能矯正權臣的奸邪。

大臣依令行事，按法治官，這還不是權臣。

怎樣才是權臣呢？君主沒有發布命令而擅作主張，損害法律謀求私利，消耗國力以利自己，並有能力得到君主的信任，這就是權重之臣。

以術治國和以法治國的人得到任用，權重之臣一定會遭到法律的制裁。這是以術治國、以法治國的人和權重之臣成為勢不兩立的仇敵的原因。

——《韓非子‧孤憤》語譯

群臣之間的矛盾，最尖銳的數法術之士與權重之臣的矛盾。換句話說，是忠臣與奸臣之間的矛盾，一個爲公執法，一個爲私謀利。因此，他們的對立又是公與私的對立。

法術之士爲公而權不重，他們有法術的武器，沒有懲治奸臣的足夠力量，對奸臣行奸無可奈何，使他們爲君主盡忠僅是一種良好的願望。

奸臣權重，有法可以不依，哪裡把法術之士放在眼裡呢？他們不遵守法律，也不願意有人執法，以免行奸時有障礙。況且可以充份利用君主對他們的信任，使法得不到執行。這眞讓法術之士感到悲哀。

調合他們的關係，讓他們相互退讓是不可能的，彼此的性格決定了。

誰能夠裁決勝負？君主？君主寵信權重之臣，怎麼能夠裁決？讓法律裁決？既然不能執法，又怎麼能夠裁決？

法術之士與權重之臣仍然明裡鬥，暗裡鬥。

你死我活

歷史上法術之士與權重之臣勢不兩立的情形常有，在這種形勢下，法術之士的悲劇結局是公正和邪惡的顛倒，也是法術之士無回天之力。

商鞅佐秦孝公，吳起輔楚悼王，都是法術之士與權重之臣勢不兩立的情形。在強弱形勢懸殊的情況下，處於弱勢的法術之士應該依靠君主，變弱爲強。如果他們沒有得到君主的寵信，勢單力薄，而與權重之臣水火不相容，那法術之士就會有殺身之禍。

人非聖賢，孰能無過？法術之士也會有過失。本來不打緊，但授人以柄，使權重之臣找到了打擊、報復他們的藉口。法術之士按過失只應受到口頭批評，權重之臣會把他們的過失擴大，名正言順地用國家法律來懲罰他們，好像他們是罪有應得，即使法術之士沒有過錯，權重之臣也有辦法，依仗權勢雇用刺客或派刺客行刺，人不知鬼不覺地置法術之士於死地。

在這種形勢下，法術之士的悲劇結局是公正和邪惡的顛倒，也是法術之士無回天之力。權重之臣有君主作靠山，結黨營私，對於自己小圈子裡的人，只要有一點功勞的影子、虛幻的美名，就封官授爵，加以重用。久而久之，他們結成鐵板一塊，使君主更受矇蔽。

君主不一定知道自己處在矇蔽之中，聽信權重之臣的一面之詞，不加審核，殺了不該殺的法術之士，賞了不當賞的權重之臣。法術之士有前車之鑑，誰還願意冒生命的危險去規勸君主，推行自我的思想主張？權重之臣能夠藉權勢中飽私囊，誰又肯在有利可圖的時候退位歸隱？這樣，本來享有崇高地位的君主實際地位越來越低，權重之臣日益尊貴。想有作爲又不能有所作爲的法術之士目睹社會現實，只有空發牢騷，感嘆不已。東漢的趙壹在他的「刺世疾邪賦」裡，就實實在在地發了回牢騷，憤恨權重之臣兜售其奸，使法術之士得不到任用。

五勝與五不勝

具體看，法術之士有五不勝而權重之臣有五勝。權重之臣有他的優勢。

權重之臣有他的優勢。

既然權重，可見他深得君主的信賴、寵愛，不然，君主不會把國家的大權交給他。權重之臣熟悉君主，凡事迎合君主的心意，君主喜歡的就喜歡，君主討厭的就討厭，所以他能夠不斷地得到升遷。加上他官高位重，朋黨又多，全國人都爲他唱頌歌，要動搖他的地位是不容易的。

法術之士想在君主那裡謀求一官半職，實現自己執法的理想，但沒有受君主信任、寵愛的親戚可以依靠，又將用法術糾正君主的邪僻之心，這不是和君主唱反調嗎？加上他們地位卑賤，孤立無朋，哪裡是權重之臣的對手呢？

具體看，法術之士有五不勝而權重之臣有五勝。

關係疏遠的和關係親近的人爭鬥，和君主關係疏遠的人不可能取勝。

新人和舊人的爭鬥，新人不可能取勝。他的根底太淺，敵不過舊人盤根錯節。

與君主思想相反和與君主有共同愛好的人爭鬥，與君主思想相反的人不可能取勝。

地位卑賤和地位高貴的人爭鬥，地位卑賤的人不可能取勝。

一個人和一個國家爭鬥，一個人不可能取勝。

法術之士有這五種不能取勝的因素，權重之臣有這五種致勝的資本，二者的勝與負就很清楚了。還有，權重之臣一天到晚在君主面前磨牙，法術之士沒有法子貼近君主，君主什麼時候可以醒悟，樂於使用他們呢？

如果兩方的爭鬥開了場，不管在什麼時候，採用什麼形式，對於法術之士都是危險的。

誹謗化虛為實

說衆人的輿論可以熔化金子，誹謗累積多了可以銷毀人的生命，這雖然有誇張的成份，但不能小看了言論。

「三人成虎」，本來大街上不會有老虎，但先後有三個人說大街上來了一隻老虎，假的會被認為是眞的，可見言論的巨大力量。

戰國時，春申君有一個寵愛的小老婆叫余，春申君正妻的兒子叫甲。余想讓春申君休棄他的妻子，就刺傷自己然後把傷口給春申君看，並對他說：「能夠成為你的小老婆是很幸運的事。但是，侍奉夫人與侍奉您相違背，我沒有什麼才能，力量不足以侍奉兩個主人，情況也不允許我同時這樣做。乾脆，我與其死在夫人手裡，還不如你叫我死在你的面前。」春申君相信了她的謊言，休棄了正妻。

不久，余又想殺甲使自己的兒子成為春申君的繼承人，於是把自己的內衣撕破，又向春申君哭訴：「我得到您的寵幸已經很久了，甲不是不知道。甲今天強行調戲我，我反抗，他把我的內衣撕破了。這個兒子太不孝順了。」春申君大怒，殺了甲。

余的欺騙，可以使春申君休棄正妻、殺死親生兒子。君臣之交，還沒有父親與兒子那樣親密的關係，而奸臣對法術之士的誹謗，不像春申君的小老婆只有一張口，而是有許多張口，所以，法術之士易被殺戮是不奇怪的。

奸臣的誹謗是法術之士與君主之間的障礙，君主被它矇蔽，使法術之士很難克服這種障礙。當年，范雎遊說秦昭王就說：「我知道今天在您面前說話，明天就會被砍頭。」雖然這是遊說君主的策略，但確實有擔心他人讒毀，枉送了性命的憂慮，其中主要還是奸臣作祟。

奸臣謀私，法術之士要強國，賢明君主要辨別，不要把法術之士拒於朝廷之外，讓他們隱居在山林湖泊，過閒雲野鶴式的生活。

狗猛酒酸

法術之士與當權的奸臣很難相容，因為君主用了法術之士，不會允許奸臣的倚權專斷擅行。

面臨法術之士，奸臣自己感到有可能失去權力和地位，往往不容法術之士接近君主，使法術之士的法術無人接受，沒法施行。

宋國有一個賣酒的人，他把酒旗掛得很高，釀造的酒十分醇美，買賣公平，對待顧客又非常恭敬。然而，他的酒卻賣不出去，時間一長，酒變了味。

他感到奇怪，不知道是爲什麼，就去向年高德厚的長者楊倩請教。

楊倩問道：「你家的看門狗凶猛嗎？」他回答：「凶猛。看門狗凶猛爲什麼酒賣不出去呢？」

楊倩說：「不是人們不喜歡你的酒，而是害怕你家的猛狗。譬如說，有人讓孩子拿著錢，提著壺來買酒，你家的狗迎上去咬他，那還有誰敢來買酒呢？這就是你的酒變了味賣不出去的原因。」

對法術之士來說，這些當權的奸臣就像是君主兇猛的看門狗。當他們懷揣法術想遊說國家君主，使自己的法術得到運用的時候，這些奸臣就像猛狗一樣迎上去咬他們，使他們沒有被任用的可能。法術之士只得遠離君主，默默不言。

權臣左右逢源

權重之臣掌握國大權，操辦朝廷主要事務，在外，諸侯為他所用；在內，只要他願意，各級官吏都為他所用，無處不逢源。

這是他的地位、權勢決定的。諸侯依附他事情就辦得通，相應地也爲他效勞，爲他歌功頌德，圖個自己方便；各級官吏做了小官還想做大官，既攀高枝，還能不鞍前馬後爲他奔忙；要接近君主，權重之臣就是媒人，不爲權重之臣隱瞞不法的行爲，怎麼能夠貼近他以達到自己的目的，就是讀書人要生活，也得靠權重之臣這些衣食父母，不依附他就俸祿微薄、禮節卑下，那麼，讀書人自然爲他當吹鼓手。

這些人是權重之臣的屏障，爲權重之臣掩飾，爲他們的醜行穿上漂亮的外衣。

權重之臣既奸詐，不會爲了忠於君主而推薦他們的仇人——法術之士；君主又不能越過上面的這些人明察自己的臣子們。

於是，在君主眼裡，權重之臣是那樣完美，無可挑剔，不知道他們金玉其外，敗絮其中，權重之臣表面上忠心耿耿，實際上奸詐多端，眞正的忠臣——法術之士在君主眼裡平平常常，沒有光彩。

這樣一來，君主被矇蔽得更深，權重之臣的權更重，法術之士就更微弱。

畏途

法術之士盼望施行法術，真施行了卻又可能是在自掘墳墓，讓人不寒而慄。既行法術，為强國計，依法行事，不辨親疏，難免不觸犯貴族利益。

吳起輔楚悼王，首先拿貴族官僚開刀，說楚國國家貧困軍隊弱小，就是因爲大臣的權勢太重，封的官吏太多，以致威逼君主，虐待百姓。於是，吳起下令，世襲的爵祿三代以後就收回，三代後的子孫不再享有祖輩的待遇；減少一些官吏的俸祿，撤免不必要的官吏。商鞅輔助秦孝公，不准謀私利以加強國家的力量，執法不認是貴族還是貧民，太子犯法，處置了太子的師傅公孫虔、公孫賈。

國家富強了，但吳起和商鞅的命運都不好。楚悼王屍骨未寒，楚國的宗室大臣趁機作亂，用亂箭把吳起射死。商鞅更慘，秦孝公死後，太子即位爲秦惠王，以謀反的罪名將他五馬分屍。

對於國家，吳起、商鞅是功臣，他們的結局不是法術的過錯，而是大臣、百姓苦於法術和後繼君主的積私怨造成的。像秦惠公在商鞅死了以後還是用商鞅之法。

法術可以延續，法術之士與君主的關係，因爲君主的更替，能否再延續並保持同前一個君主一樣的關係，實在是個問題。他們往往在前一君主那裡得寵，在後一君主那裡失去信任，很難避免人生悲劇。

報國艱難

君主應該有自己的見解和選擇用人的標準，站在國家的立場上，又切實地從這一點出發，不徇私情，不為矇蔽，不然的話，法術之士就為君主的左右近臣制約。

法術之士步履艱難。

他們有聰明才智、賢良品德，遊說某一國家的君主，這君主的左右近臣不一定具備了聰明才智、賢良品德。於是，君主與左右近臣議論法術之士是否可用，實際上是和愚笨的人議論智者，與無賢德的人議論賢者。這雖然有點滑稽，但是嚴峻的現實。

據此，衡量人的標準整個發生了變化，聰明會被認爲是不聰明，賢德會被認爲是不賢德。左右近臣的耳鬢廝磨，君主的耳朵根子不軟也會變軟，眞以爲如此，法術之士自然被棄而不用了。

法術之士面臨愚人評價智者，不賢的人評價賢者，心裡也不平衡，知道自己會在他們心目中變味，同時又以與他們平起平坐、並駕齊驅爲恥辱，只得遠離君主，不爲所用。

這是很尖銳的矛盾。解決它的根本辦法是以智者、賢人執政，但愚者、不賢的人怎麼能輕易讓位，再說，他們雖然愚笨、不賢，卻把自己看作比法術之士更高明的人。

只有看君主的功夫，君主應該有自己的見解和選擇用人的標準，站在國家的立場上，又切實地從這一點出發，不徇私情，不爲矇蔽，情況也許會有所改觀。

不然的話，法術之士就爲君主的左右近臣制約。如果用賄賂決定是說好話還是說壞話，法術之士行賄賂，左右近臣則在君主面前多爲美言，那法術就會變質；不行賄賂，左右近臣則加以誹謗，讓法術之士的日子不好過，不說被任用，能夠全身避禍也就不錯了。

卻奸

奸臣都想隨順君主之心以取得寵幸。君主喜歡的，他們就跟在屁股後面唱頌歌；君主憎恨的，他們就順勢說壞話。

通常，人們取捨相同的就相互肯定，取捨不同的就彼此批評。大臣稱讚的是君主肯定的事物，叫做同取；大臣誹謗的是君主否定的事物，叫做同捨。君臣取捨相同而發生矛盾衝突的，沒有聽說過。

奸臣附和君主以取得寵幸，借助寵幸之勢毀譽群臣，決定他們的升遷，君主沒有權術駕御他們，不考察他們毀譽的真偽，一定會認為他們從前與自己合拍而相信他們今天的言論，奸臣就利用這欺騙君主成己私慾，以致君主被矇蔽而奸臣勢重。

——《韓非子·奸劫殺臣》語譯

肯定相同的否定不同的事物是人們傳統的心理，誰不想走順風、蹚順水呢？奸臣順著君主的竿子爬，讓君主心理平衡、舒坦，君主會視他爲知己，寵信他，交給他權力，賜予他利祿。哪裡知道他還有另一副肚腸，表面上爲君，實際上爲己。

奸臣一居高位，就要左右他人的升遷，以言詞定命運，人可以說成是鬼，鬼可以說成是人，就看他高興不高興，看別人是不是像他迎合君主一樣迎合他。毀譽心中事，兩唇定乾坤，君主卻被矇在鼓裡。

這是對君主的挑戰。

君主要能從大臣的附和聲中識別眞僞，透過冠冕堂皇的話語看清說話人的用心，不因聽了頌歌而飄飄然，忘乎所以。同時，君主要有胸懷，不以自己的是非定是非，使奸臣想達到個人的目的也難。

任法術，耳聽目明

人要把他人的眼睛作為自己的眼睛，把他人的耳朵作為自己的耳朵，不用說眼力會倍增，耳朵也更加靈敏。人們往往如此，才有各自的生活圈和交際網。

人各有所長，師曠耳聰，離婁目明，君主雖然高貴也趕不上他們。但君主必須耳聰目明，耳不聽八方，眼不看遠近，就會昏昏然不辨是非曲直，決策不力，舉措失當。

人要是把他人的眼睛作爲自己的眼睛，把他人的耳朵作爲自己的耳朵，不用說眼力會倍增，耳朵也更加靈敏。人們往往如此，這樣才有各自的生活圈和交際網。君主要使天下人都是自己的耳目，那麼，像秀才不出門能夠知道天下事一樣，君主處在深宮，不抛頭露面、勞碌奔波，天下仍在他的手中沒有人能夠矇蔽他。這靠的是法術。

君主要善用法術，發揮自己的聰明、睿智，鏟除黑暗、混亂之道，使國家太平、富強。

秦孝公就是這樣賢明的君主。商鞅變法以前，秦國大臣不執法而行私，國亂兵弱，君主地位很低。商鞅變法，移風易俗，鼓勵農民種田、壓制商人，當時，秦國百姓沿襲舊風俗犯了罪可以得到赦免，沒有功勞的人可以得到高官厚祿，不把新法放在眼裡，只當是犯了法又能怎樣。哪知道商鞅是眞格的，對犯了法的人堅決嚴厲處罰，重賞揭發、告官的人，許多行奸的人不能如願反而遭了刑。從那以後，老百姓都知道有罪必誅，告奸必賞，也就沒有人犯法，君主想用刑，刑無處可用了。國家太平，軍隊強大，土地擴大，君主尊貴。也就使全國人都成為君主的耳目了。

話說得輕巧，實行起來並不容易。君主有權有勢，不要輕慢了權勢，使法成了一紙空文，人們知法而不守法。因此，君主必須以權作為後盾，法令規定賞罰，靠權勢執行賞罰。像商鞅變法，如果沒有秦孝公的權勢作為支撐，就寸步難行。天下人能夠成為君主的耳目，也是因為君主有權勢。

行奸則危

行奸則危，忠誠則安，對於奸臣，君主並非束手無策，用法術之道，以權行法，就能夠尊主安國，使奸臣無法動作。

說具體一點，君主要把自己當作君主，這不單純是始終保持君主的名義，而且應以自我的思想顯示出君主的尊嚴，不隨便附和世俗的言論。儘管世俗代表了多數人的意見。並且，君主根據名稱和實際的情形來確定是非以及通過考察來看言辭的正確與否。這樣，眞與假、虛與實淸淸楚楚，沒有什麼遮掩。

君主賢明，奸詐就無法得逞，奸臣知道不能操奸術謀私利，必然要改弦更張，放棄奸私的行爲盡心竭力侍奉君主。他們會想到，彼此勾結，隨便毀譽，不僅不能求安居，得利益，而且會使自己好像背負著千鈞重的東西，掉進了不知底的深淵，不說利，怕是連命都保不住。在性命和私利之間，還是性命重要，丟了性命什麼都談不上了。

奸臣不能行奸，這對君主倒有好處，至少可以多做實事，少來一點花樣。何況百官看到行奸不能夠安身獲利，必然會放棄邪念，把貪贓枉法視爲登高山之顛而墮於深谷之下，那時候，是求生還是求利呢？所以他們會保持清正廉潔，謹慎執法。

行奸則危，忠誠則安，君主左右的人哪裡還敢說假話來欺騙君主，百官也不敢以貪得無厭索取百姓的錢財。大家各守其職，各盡其能，君主就穩如泰山了。

應付「八奸」的對策

君主要立得穩、站得直，不做牆頭草，而做岩上松。不管風從何起，吹向何處，君主自有主見；靜觀靜聽、穩紮穩處。

前面說了「八奸」，就應付「八奸」的對策。

君主對於夫人、妃子，喜歡她們的美麗姿容而不按她們的意見，請求辦事。

對於左右的親近，要他們的行爲一定和言論相符合，不要讓他們爲自己的言行不能辯解。

對於父兄大臣，採納他們的言論一定以刑罰相隨，辦壞了就處置，使他們不能隨便提建議，訂措施。

對於觀樂玩好，一定要知道它們的來歷，不要大臣擅自進奉，也不要他們擅自撤走，讓他們揣度君主的思想，不能隨隨便便地討好君主。

對於施捨恩德，發放財物、糧食這一類有利於百姓的事，一定要自己發布命令，不計大臣私下施捨。

對於議論，考察被稱譽者的實際才能，考察被批評者的實際過失，不要讓群臣相互辯說。

對於勇士，他們有軍功不過分賞賜，凡是在社會上鬥毆的，不赦免罪過，不讓群臣私下用錢財去收買他們，把他們收爲自己的門客。

對於諸侯的求索，合法的就聽從，不合法的就抵制。奸臣藉助諸侯的威力控制自己的國家，君主空有其名。這時候，君主要沉靜下來想一想，順從大國，是想避免自己的國家滅亡。結果，順從比不順從滅亡得更快，那麼還順從大國幹什麼呢?誰願意請別人來消滅自己。這樣,還是不順從的好。君主一不順從,情形就會改觀,群臣知道後,就不會和諸侯相勾結。諸侯知道那君主不聽大臣的話,也就不會相信他對於自己國家君主的誣陷。

以上相應的對策,根本在君主,群臣妃子、左右人衆,謊言、奸行總會有,君主要立得穩、站得直,不做牆頭草,而做岩上松。不管風從何起,吹向何處,君主自有主見;靜觀靜聽、穩紮穩處。

以實對空

君主防止矇蔽,在很大的程度上是保護國家利益。君主要認眞考察,所進言論是積極的有用的言論多,還是消極的、無用的言論多。

君主遭矇蔽的途徑實在很多。

一些大臣喜歡談論事情,君主不深入探究事情的本源,只要聽來頭頭是道,就加以肯定、讚揚,結果被這些事情迷惑住了。有的人爲君主出謀劃策卻要爲自己留條後路，譬如他把話說在前頭：「批評這件事的人，是心胸狹隘、好妒忌的人。」君主把這話藏在心裡，不再聽其他大臣的話。其他大臣害怕這句話，避免嫌疑，也不敢談論這件事。這樣，君主就被這句話矇蔽了。

君主對虛假的事不知底細，盲目信以爲眞，難免不遭到憂患甚至被大臣控制了。大臣能夠以不切實際的話搪塞君主，爲自己遮掩，要害是君主不賢明，缺乏治臣之道。

賢明的君主求實。

你好進言吧，要認眞考察，看所進言論是積極的、有用的言論多，還是消極的、無用的言論多。如果後者過多，進言有功也不施行。前言不搭後語，辨事有功也要給予處罰。那麼就沒有大臣敢用假話迷惑君主了。

你要爲自己留後路吧，就要你發表意見或不發表意見都得負責，所說的沒有根據，或者是爲了保全爵位、俸祿，沉默不語，都是不行的。嚴令之下，誰還敢隨便亂說，誰還能夠沉默不語呢？

大臣矇蔽君主是爲自己盤算，圖利而避禍；君主防止矇蔽，在很大的程度上是保護國家利益。君主實在是昏庸不得，自我不迷糊，也不被人迷糊。

通往功名之道

人以銅為鏡，可以端正衣服、帽子；以古代社會為鏡，可以見到朝代的興盛衰敗；以人為鏡，可以知道自己的得失。

君主卻奸，建功立名，還要天時、地利、人和。

五穀因天時、地利而生，違背天時、地利，十個堯並立也不能使冬天生長出一根稻穀，人們難免飢餓的煎熬。

人心也不能違背，君爲舟，民爲水，君主逆人心而動，哪有人爲君主盡心盡力。君民衝突厲害了，難說有一天水不覆舟。

順應天時、地利、人和不足以除奸。

君主沒有權術與勢位，就處在被動的地位上，被臣民推著行走，駕御不了臣民，談不上除奸，更不用說建立功名。依靠權勢，不抓緊事情都會處理得很快；

憑藉權勢，不進取也會獲得名譽。

君主要明白這個道理。寸有所長、尺有所短，人往往溺於自見，自己迷糊了自己的雙眼。

君主不能自知，就像人沒有鏡子不能端正鬚眉，所以必須借助鏡子。

唐太宗在賢相魏徵死了以後，很感慨地說：人以銅爲鏡，可以端正衣服、帽子；以古代社會爲鏡，可以見到朝代的興盛衰敗；以人爲鏡，可以知道自己的得失。

君主的智謀短於自知，則用法來端正自己。

取法之長，補天時、地利、人和之短，也補權術、勢位之短。把它們融爲一體，就築成了通往功名的寬廣大道。

沿著它，正直以行。

奸臣無立足之地，更不用說走歪門斜道。

君主駕御了臣民，功名自然而生。

韓非子的人生哲學—權術人生

中國人生叢書　6

主　　編／揚帆
著　　者／阮忠
出 版 者／揚智文化事業股份有限公司
發 行 人／林智堅
副總編輯／葉忠賢
責任編輯／賴筱彌
執行編輯／黃美雯
文字編輯／劉孟琦
地　　址／台北市新生南路三段88號5樓之6
電　　話／(02)366-0309　366-0313
傳　　眞／(02)366-0310
登 記 證／局版臺業字第4799號
印　　刷／偉勵彩色印刷股份有限公司
法律顧問／聲威法律事務所　陳慶尙律師
初版二刷／*1996*年3月
定　　價／250元
ISBN 957-9272-14-X(全套)--ISBN 957-9091-87-0(第6册)

南區總經銷／昱泓圖書有限公司
地　　址／嘉義市通化四街45號
電　　話／(05)231-1949　231-1572
傳　　眞／(05)231-1002

國立中央圖書館出版品預行編目資料

韓非子的人生哲學：權術人生／阮忠著. --
初版. --臺北市：揚智文化，*1994*〔民*83*〕
面；　公分. --(中國人生叢書；*6*)
ISBN 957-9091-87-0（平裝）.
--*ISBN 957-9272-29-8*（精裝）

1.(周)韓非－學術思想－哲學

121.67　　*83009316*